成功＝
ヒト×DX

デジタル初心者のための
DX企業変革の教科書

鈴木康弘
Yasuhiro Suzuki

プレジデント社

最も強い者が生き残るのではなく、
最も賢い者が生き延びるのでもない。
唯一生き残ることができるのは、
変化できる者である。

チャールズ・ダーウィン（自然科学者）

はじめに

DXに取り組む企業の「9割」が迷走している

新型コロナウイルスの感染拡大により、デジタル化の動きがますます加速しています。今やその動きは、「デジタル変革」に形を変えつつあると言っていいでしょう。

デジタル変革とは、「DX」(Digital Transformation の略)を指します。このDXを、経済産業省による「DX推進ガイドライン」では、次のように定義しています。

「企業がビジネス環境の激しい変化に対応し、データとデジタル技術を活用して、顧客や社会のニーズを基に、製品やサービス、ビジネスモデルを変革するとともに、業務そのものや、組織、プロセス、企業文化・風土を変革し、競争上の優位性を確立すること」

つまり、DXとは、**「デジタルによって仕事や生活が変革されること」**と言えます。企業にとってみれば、デジタルを広く活用して製品やサービスを変革できれば、確かに競争力を高めることができそうです。

ここ数年、多くの企業がその重要性に気づき、DXに舵を切り始めました。

マスコミは「DX時代の到来」「デジタル革命」などと連日のように特集を組んでは、期待感を煽っています。最近では少し過熱しすぎて「DXバブル」とも言える状況です。システム会社やコンサル会社は、「DXならばお任せください」と、従来通りのシステムや提案に「DX」の文字を入れて売り込んでいます。

人材紹介会社は「この人はDX人材です」と言って、プログラミングができるエンジニアや、デジタルマーケティングツールを使えるマーケターを、高い紹介料で企業に斡旋。その結果、多くの企業が「DXに乗り遅れるな」と、DXに取り組み始めています。

ところが、DXに取り組み始めた企業の9割が迷走してしまっています。

これは、なぜなのでしょうか？

大きくは、**DXの本質を把握していないことにある**と私は考えています。

バブルに踊らされることなくデジタル変革を進めていくためには、正しい知識を身につけ、その本質を知ることが必須です。

そこで長年デジタル変革の現場に携わり、現在も数々の企業のDXを支援する立場からお伝えできることがあると思い、本書を執筆することにしました。

ソフトバンク、セブン&アイ・ホールディングスでデジタル変革を経験

私は30年以上、一貫してIT・デジタルに関わる仕事に携わってきました。

ここで自己紹介も兼ねて、私のキャリアを少しお伝えします。

1987年に入社した富士通では、SE（システムエンジニア）として、プログラミングから設計、顧客サポートに至るまで、あらゆる業務を経験しました。

SEは、顧客の要望をシステム化するのが仕事です。しかし、特定の業務の効率化はできても、ビジネス全般への貢献という意味では限界がありました。当時は、「ITは必ず人を幸せにするはず。楽にするはず」と信じていましたが、システムだけではそれは難しいということを思い知ったのです。

そこで30歳を過ぎた頃、自らの可能性を広げるため、ソフトバンクに転職しました。そして、ITを積極的に活用する営業や新規事業企画などの仕事をするようになりました。

さらに、ネット書籍販売のイー・ショッピング・ブックス（現セブンネットショッピング）を起業。ベンチャー経営者として、設立から7年で売上200億円に届くところまで成長させました。このベンチャー起業を通して、ゼロからビジネスを起こす難しさと、ITを使ったビジネスの可能性を学ぶことになりました。両方を経験できたことは、その後

のキャリアにおいて、ビジネスに取り組む礎となっています。

40歳を過ぎると、新たな事業展開である「ネットとリアルの融合」を目指したいと考えた私は、２００６年、セブン＆アイ・ホールディングスに「資本移動」という形でグループ入りし、会社経営を行うと同時に、グループのネット推進・マーケティングに携わるようになりました。またネットとリアルの融合を目指す「オムニチャネル戦略」のリーダーとして、２０１５年に新しい事業をスタート。大組織で仕事に取り組むダイナミックさと、企業変革の難しさを学ぶことになりました。この悪戦苦闘の日々が、今の仕事に大きく役立っています。

そして、本格的にデジタルの時代を迎えた２０１７年、現在の会社であるデジタルシフトウェーブを起業しました。長年、ＩＴ、デジタルの世界で仕事をし、企業の改革に携わってきた経験を活かして、ＤＸを目指す企業や個人に貢献したいと考えたのです。

50歳を超えての、新しい挑戦の始まりです。

おかげさまで多くの方々のご支援をいただき、順調なスタートを切ることができました。創業から4年経ちますが、多くのクライアントのデジタル変革の支援を行っています。

DXの中心は「デジタル」ではなく「ヒト」

様々なクライアントのDXを支援する中で感じるのは、変革の本質は「デジタル」ではなく、「ヒト（人）」であるということです。

そのことを強く感じたのは、新型コロナの感染拡大がきっかけでした。

2020年前半、半ば強制的に「新しい日常」へと投げ込まれた私たちは、想像を絶する状況に日本中が右往左往する中、新しい働き方へと移行することを決めました。

得意分野であるデジタル技術を徹底的に活用し、日々の仕事をリモートワークに切り替えたのです。クライアントとはオンラインで打合せを行うほか、社員ともオンラインで積極的にコミュニケーションを取り、講演もオンライン上で実施しました。

加えて、完全オンライン営業やRPA（Robotic Process Automation／定型化された単純作業を、ソフトウェア型のロボットが代行・自動化するアプローチ）の導入による自動化など、様々なことに挑戦し続けました。デジタルによる新しい可能性と限界を実感しては、試行錯誤を続けています。

これらの取り組みにより、仕事の生産性は2倍以上向上しました。「新しい日常」に躊躊躇せずトライし、改善をくり返しては全社で共有することで、全社員の意識を改革できたことが、成功につながったと感じています。

そして、この成功が原動力となり、クライアントのデジタル変革の支援も、より自信を持って進められるようになりました。**デジタル変革の本質こそ「ヒト」であること、そして、ヒトを柱としたDXこそ、DXを成功に導くカギになると確信した**のです。

「ヒト×DX」がデジタル変革を成功に導く

私の考えるデジタル変革を成功方程式で表すと、**「成功＝ヒト×DX」**です。ヒトとは、単なる「人」ではなく、人が持つ知識、スキル、ノウハウ全てを指します。

コロナが流行する前は、「デジタル化の意味や意義を知りたい」という声が多かったのですが、コロナが流行し始めた2020年頃からは、「DX人材の育て方」「デジタル組織のつくり方」などの、実践的な内容が求められるようになりました。

これは、企業がDXに本気で取り組み始めた証拠でもあります。「ヒト」に焦点を当てたのは、「ヒト」こそ、DXに取り組むときに企業が最初にぶつかる壁であり、一番深い悩みだからです。

どんなに企業のデジタル化が進んでも、その活用が一部にとどまっていたり、社内外に正しく浸透していなかったりすると、その効果は限定的なものになります。

ＤＸは最初の目的設定と、周囲の理解が欠かせません。誰のためのＤＸなのか、周りが正しく理解しているかどうかに気を配りながら、慎重に進めていくことが大切です。本書では、その具体的かつ実践的な方法を、私の経験をもとに、詳しくお伝えしていきます。

「最も強い者が生き残るのではなく、最も賢い者が生き延びるのでもない。唯一生き残ることができるのは、変化できる者である」というダーウィンの名言があります。

これからの時代を生き残るのは、「賢い人」ではなく、「ＤＸという大きな変化に対応できる人」です。本書が、皆さまの取り組みの一助になれば幸いです。

２０２１年６月

鈴木康弘

contents

第1章

デジタルシフトとDX

未来を語る前に、今の現実を知らなければならない。
人は現実からしかスタートできないのだから。

ピーター・ドラッカー（経営学者）

迫りくるデジタルシフトの波

業界構造すら塗り替える「デジタルシフト」

インターネットが登場して約4半世紀、私たちの生活は大きく変わっています。

コミュニケーションの手段は電話からメールへと変わり、現在はチャットが主流になりました。

スマートフォンでインターネットにアクセスすれば、簡単に情報収集することができます。買い物や旅行の予約なども、ワンクリックでできるようになりました。

これらの変化は「デジタルシフト」と呼ばれ、私たちの生活を大きく変えています。

デジタルシフトは、各業界にも様々な影響をもたらしています（次ページの図1－1参照）。

流通業界では、2015年頃からアマゾンが台頭。インターネットであらゆる商品を購入できる「オンライン・ショッピング」を浸透させ、米国小売業の形を変えました（これ

図1-1　各業界に広がるデジタルシフトの影響

を「アマゾン・エフェクト」と呼びます）。これにより、実店舗での販売を主流としていたトイザらスやシアーズが経営破綻に追い込まれる一方、ウォルマートやメーシーズなどはデジタルを積極活用する経営に舵を切りました。

金融業界では、フィンテックテクノロジーを積極的に採り入れた金融機関が勝ち組になっています。デジタル技術の活用により、銀行、証券、保険などの業界の壁が崩壊。保険や住宅ローン、投資信託といった金融商品をワンストップで提供できるようになりました。仮想通貨を通じて海外の銀行口座に送金したり決済したりすることも、今や当たり前になっています。

自動車業界においても、電気自動車の開発競争とともに、自動運転車の開発が進んでいます。ネットに常時接続することで運転操作の自動化が可能となり、ドライバーが何もしなくても目的地までたどり着くことができるのです。

放送業界においても、Netflix や hulu など、ネット配信を主とする新しいメディアが生まれました。映画並みの予算で独自のコンテンツを企画・制作するなど、その動きはますます加速しています。

製造業界では、様々なＩｏＴ機器が開発されています。家電やＡＶ機器がネットにつながり、外出先からも機器のコントロールが可能となりました。最近では、様々な専門業務機器がネットに接続され、24時間365日監視が可能となり、故障の事前検知などができるようになっています。

医療業界では遠隔医療（オンライン診療）が試験的に開始され、遠隔地からの手術を模索するなど、今までにない動きを見せています。

このように、様々な分野でデジタルシフトの影響が広がっています。その影響は、デジタル化による効率化や生産性向上の範疇を超え、企業のビジネスモデルや業界の慣習までも変え始めています。数年後、数十年後には、私たちの想像をはるかに超えるビジネスモデルや新しい業界が生まれているかもしれません。デジタルシフトの動きはますます加速化し、あらゆる業界や企業において「変革」をもたらすでしょう。

デジタルシフトとは、社会の課題を解決する手段である

とはいえ、正面から「デジタルシフトとは何か」と問われると、困ってしまう人が多いのではないでしょうか。

私はデジタルシフトとは、「従来アナログであった業務やサービスをデジタル化することで、アナログ時代の様々な制約から解放することです」と説明しています。

今やパソコンやスマホがあれば24時間365日、いつでも、どこでもネットにつながることができる時代です。バーチャル空間に膨大な情報を格納し、双方向に情報を共有することもできます。これは、制約のあるリアル空間との大きな違いです。

こう説明すると、たいてい、「では、なぜデジタルシフトをする必要があるの？」と質問が続きます。そこで私は常に同じ回答をします。「アナログ時代の様々な社会課題を、デジタルの力で解決できる可能性が高いからです」と。

デジタルシフトで生活が便利になる一方で、社会では日々新しい課題が発生しています。グローバル化による市場拡大や生産拠点の拡大、少子高齢化による人手不足、最近で言うと、コロナによる新しい生活様式への転換などが該当します。

これらの社会課題を、劇的な進化を続けるＩＴの力で解決していくために、デジタルシフトが必要なのです。そして、**デジタルシフトは、私たちの仕事や生活を大きく変え、やがて社会全体に変革をもたらしていきます**（次ページの図１－２参照）。

図1-2　デジタルシフトの正体

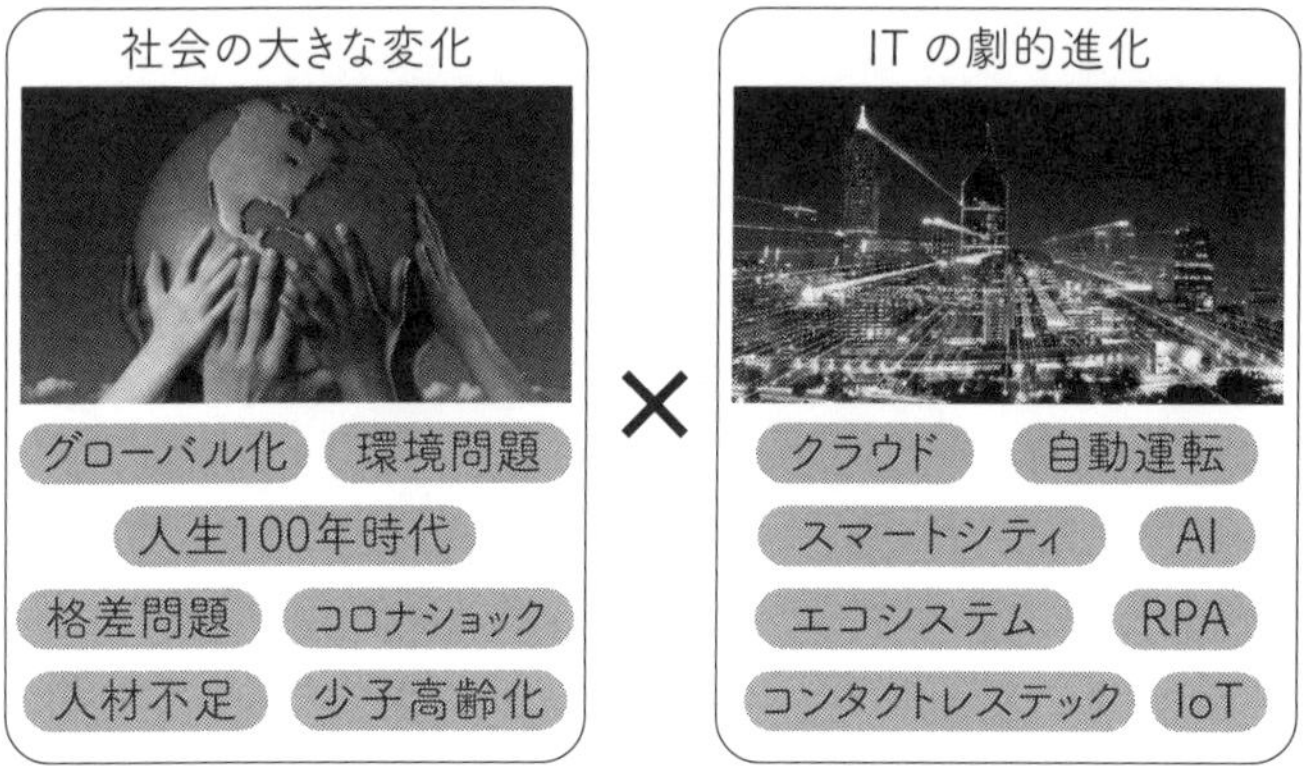

デジタルシフトがもたらすDX

DXにより、売上が50％以上伸びた企業も

「デジタルシフトは私たちの仕事や生活に大きな変革をもたらしていきます」

このようにお伝えしても、デジタルシフトに二の足を踏む企業は多く存在します。

「デジタルシフトを推進すると本当に儲かるのか？」

これがおそらく、経営者たちの本音ではないでしょうか。

一般的には、デジタルシフトによる売上の向上は5～10％、生産性向上によるコスト削減効果は10～15％と言われています。当社のクライアントでもほぼ同程度の効果でしたが、コロナ禍において、その効果は大きく変わりました。

たとえば、当社のあるクライアントのEコマース（ネットショッピング）の売上は、コロナ禍でも50％以上の高い伸びを示しています。また、別のクライアントでは、社内コミュニケーションのデジタル化をはかることで、会議や出張が劇的に減り、販管費を10％近

く削減しています。移動や外出制限などの急激な変化を強いられたコロナ禍で、各企業は既存のやり方を壊し、ビジネスを変革せざるを得なくなりました。そんな中、一歩を踏み出してデジタルを活用したことで、成果を大きく上げた事例と言えます。

次節で詳しく説明しますが、「正しいやり方」でデジタルシフトを進めれば、企業として着実に大きな成長が見込めるのが、真のDXだと私は考えています。

「デジタルシフト」と「DX」の違いとは何か？

では、どうすればデジタルシフトをうまく進めることができるのでしょうか。

そのカギは、「デジタルシフト」と「DX」の意味をきちんと理解することにあると考えます。2つの意味を正しく理解しないまま焦ってアクションを起こし、迷走する企業は少なくありません。ここで、両者の違いについてご説明します（次ページの図1－3参照）。

デジタルシフトとは、「既存のアナログ業務をデジタル化すること」です。従来手掛けていた業務をデジタル化することで、効率化や生産性アップなどの成果を得ることができます。タイムカードを廃止して出退勤管理システムを導入する、経理書類を効率よく作成するために会計ソフトを導入することなどが、それに当たります。

図1-3　デジタルシフトとDXの違い

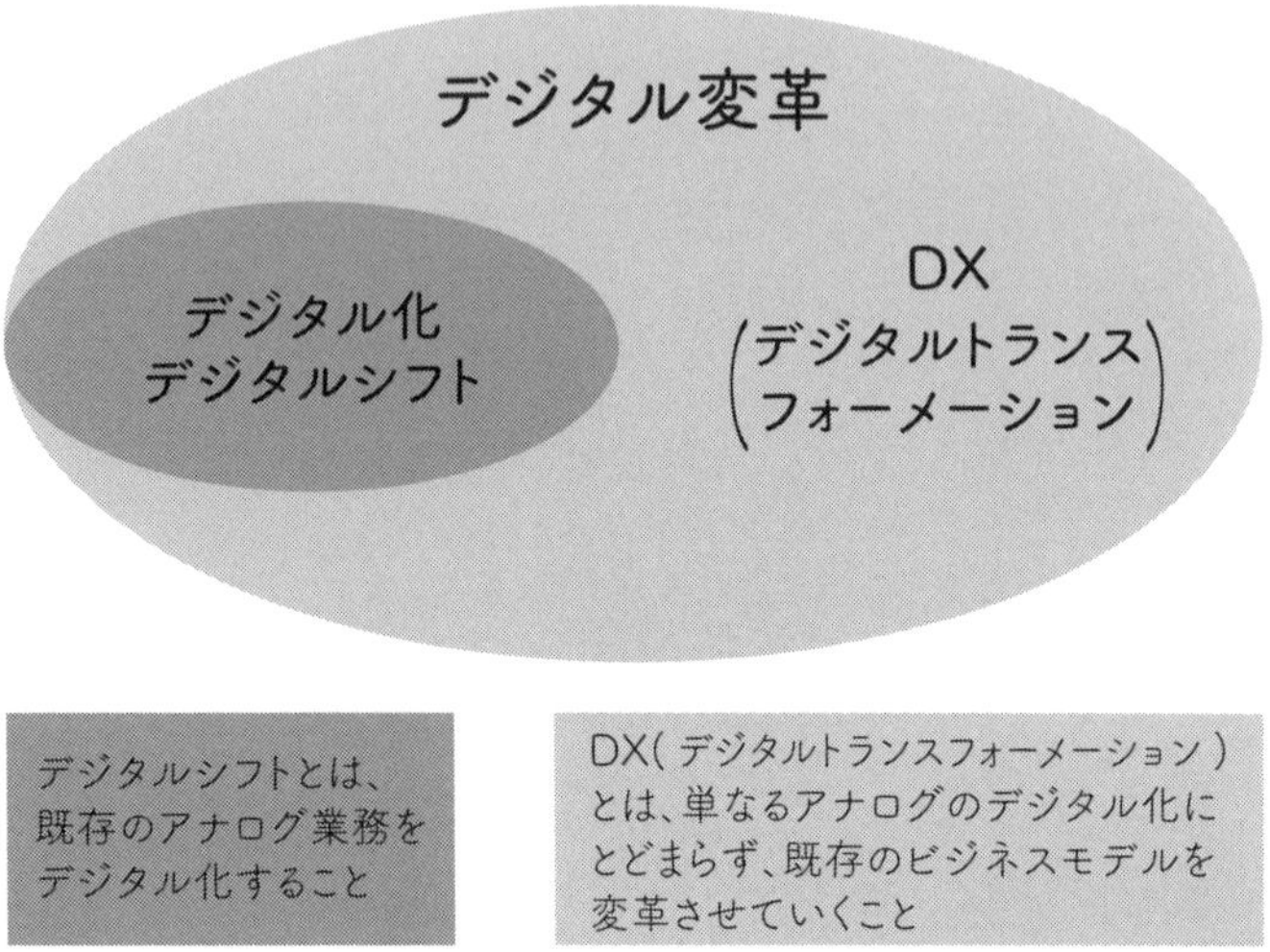
デジタル変革
デジタル化
デジタルシフト
DX
(デジタルトランスフォーメーション)
デジタルシフトとは、既存のアナログ業務をデジタル化すること
DX(デジタルトランスフォーメーション)とは、単なるアナログのデジタル化にとどまらず、既存のビジネスモデルを変革させていくこと

DXとは、「デジタル化により、ビジネスモデルや人々の生活を変革すること」です。

デジタルシフトのように、単なるアナログのデジタル化にとどまらず、**既存のビジネスや業務を変革することで、新しいビジネスに生まれ変わらせる**ということです。

店舗での対面販売が主であった小売りが、Eコマースで新たな販売チャネルを増やし、顧客の買い物の選択肢を増やしたり、コミュニケーションのデジタル化により、時間や場所にとらわれないコミュニケーションを可能にすることなどが当てはまります。

この違いを理解しないまま、既存の業務やヒトの意識を変えない状態で一部分のみデジタル化しても、その効果は残念ながら限定的なものになってしまいます。

ここでデジタルシフトから、DX（デジタル変革）が必要とされるようになった背景を少し説明しましょう（27ページの図1－4参照）。

日本は戦後の高度成長期、安定成長期・バブル期まで高い経済成長を続けてきましたが、1991年にバブルが崩壊。その後の「失われた20年」にインターネットが登場し、進化を続けてきました。1994年には国内で初めてダイアルアップIP接続が始まり、1995年にはWindows95が登場。1996年にはYahoo!がサービスを開始します。

インターネットが一般に広く認知されたのは、1998年のWindows98の発売です。

この年、インターネットの普及率が10％を超え、私たちの生活や経済活動に大きく影響を与えます。

その後、メールで連絡、ネット上で検索することは当たり前になりました。1999～2000年には、ネット企業がどんどん生まれます（ネットバブル）。2000年末にこのネットバブルは終焉を迎えますが、その影響は他業種へも波及し、ネットを使ったビジネスが広がりを見せます。

2008年にはリーマンショックで、再び経済が落ち込みます。金融関連企業は大きな痛手を受け、マーケットは次なる成長を求め始めました。その前年の2007年にiPhoneが登場し、新たなスマートフォン市場が生まれます。これによりインターネットは、移動しながら活用するスタイルに移行。Eコマースやオンライントレードなど、企業が消費者に直接サービスを提供するBtoC企業は、新しいビジネスモデルを創造し、今までにないサービスを展開し始めます。

ところが2020年、新型コロナウイルスの感染拡大により経済は低迷。全世界、全産業で大きな転換を求められました。移動が制限されたことで、リモートワークをはじめとするデジタルの活用が積極化し、DXに向けた本格的に取り組みが始まっています。

このようにインターネットは、経済が成長して一段落する時期に登場し、節目節目でそ

図1-4　「モノの時代」から「コトの時代」への転換

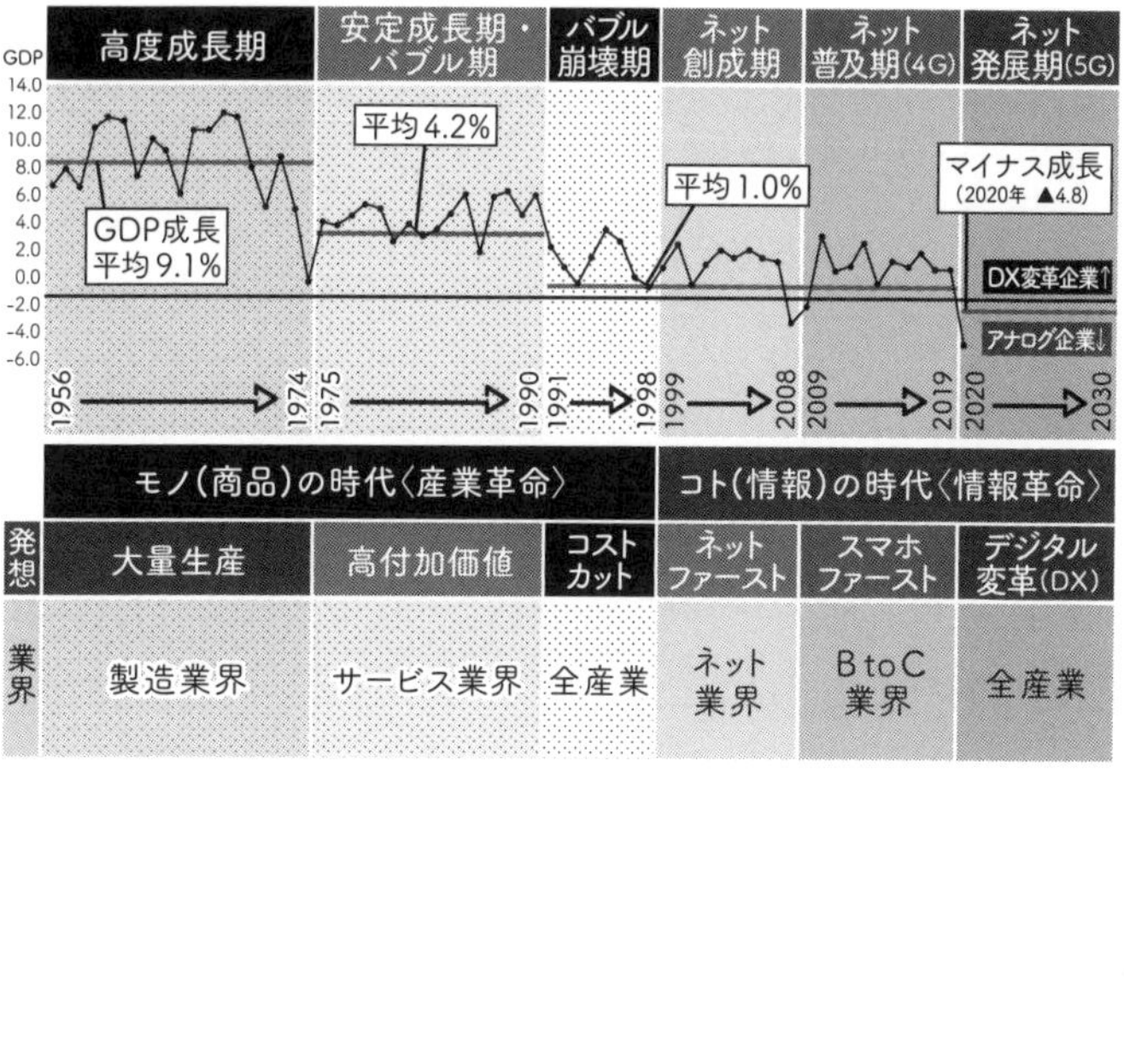

の影響範囲を拡大してきました。その結果、コロナによる経済低迷の節目にＤＸの取り組みが本格化し、その波は全産業に広がりつつあります。どの企業も等しくＤＸの推進を求められることにより、業界内の競争を勝ち抜けばよかった時代から、全産業横断で競争する時代へと移っていくでしょう。

また、これらの背景を理解すると、ＤＸが単なる一過的な流行ではなく、全て過去の歴史とつながっていることがわかります。この背景を知らずに、「今流行しているから」という理由でＤＸに取り組んでしまうと、方向性を見失いやすくなります。一時的に取り組んだとしても、停滞や迷走を生んでしまうでしょう。

経営学者のピーター・ドラッカーは、「未来を語る前に、今の現実を知らなければならない。人は現実からしかスタートできないのだから」という名言を残しています。

これからＤＸに取り組む方は、インターネット登場の黎明期～現在に至るまでの背景、現実をしっかりと把握したうえで、挑戦してほしいと思います。

第2章

成功＝ヒト×DX

本物の変化か、一時の変化か、見分け方は簡単である。本物の変化とは人が行うことであり、一時の変化は人が言うことである。話にばかり出てくるものは一時のものである。

ピーター・ドラッカー（経営学者）

「他人任せの意識」がＤＸを停滞させる

ＤＸがうまく進まない「５つの原因」

では、どうすればＤＸをうまく成功に導けるのでしょうか。

そのカギは、「ＤＸがうまく進まない原因」を探ってみるとよさそうです。

私たちの会社に寄せられた企業からの相談をケース別に整理してみると、ＤＸがうまく進まない要因は、大きく次の５つに整理されることがわかります（次ページの図２－１参照）。

１ 経営者は掛け声ばかりで担当者は不在。全く進まない

トップが「ＤＸするぞ！」と意気込み、推進担当者も不明確なまま、企画部や社長室などのサポート部門がＤＸを担当するケースです。

企画部や社長室は調整が主な業務であり、現場経験やシステム経験が少なく、リーダー

図2-1　デジタル変革が暗礁に乗り上げるケース

ケース1	経営者は掛け声ばかりで担当者は不在。全く進まない
ケース2	専任部門を新設しても、ノウハウ不足で停滞
ケース3	マーケティング部門が盛り上げるが、全社的には何も変わらない
ケース4	システム部門に任せたために、開発・ツール導入が増加
ケース5	変革するも長続きせず、全社定着に至らず自然消滅

シップを必要とする変革業務は不得意です。DXを進めるにあたり、様々な部門を集めては打合せを重ねてしまいます。その結果、時間ばかりが過ぎ、全く進まない状態が続いてしまいます。

2 専任部門を新設しても、ノウハウ不足で停滞

デジタル推進部、新規ビジネス準備室などの新設部門が担当するケースです。

新設部門は変革をミッションとして、社内の様々な部署から精鋭人材が集められます。しかし、組織内で育ってきた人材は、社内のルールを壊し、新しいルールをつくるという変革の経験は不足していることが多く、その動きは停滞しがちです。

最近では外部人材を積極的に採用し、活性化を図ろうとする企業も増えてきましたが、DXの経験を持つ人材は、市場を見ても少ないのが現状です。その結果、コンサル会社やシステム会社の出身者を採用し、かえって混乱させてしまっています。

3 マーケティング部門が盛り上げるが、全社的には何も変わらない

マーケティング部門がDXを担当するケースです。

デジタルマーケティングを手掛けるマーケティング部門は、一見、デジタルに精通して

いるように見えますが、事業やシステムへの理解が浅いのが実情です。お抱えの広告代理店とともにコンセプトはつくりあげますが、広告以外の業務は、他部門に丸投げしてしまいます。

また、デジタルマーケティングと称して、高額なＣＲＭ（顧客管理システム）を導入し、現場を混乱させてしまっているケースも増えてきています。

4 システム部門に任せたために、開発・ツール導入が増加

システム部門がＤＸを担当するケースです。

システムの知識を持つシステム部門は、デジタルにも強いと思われがちですが、基本的には現場要件をシステム化するという〝受託型〟の仕事スタイルです。何をすべきか要件を求め、お抱えのシステム会社に相談しては提案を待つ傾向があります。

しかし、システム会社の提案は、最新のシステムや流行しているものの提案が多くなりがちです。多くのシステムツールを導入した結果、費用がかさみ、現場を複雑化させてしまう原因になります。

5 変革するも長続きせず、全社定着に至らず自然消滅

ある程度DXが進んだとしても長続きさせるどころか、全社に定着させることができず、自然消滅してしまうケースです。DXのブームに乗り、大々的にデジタル化の取り組みを行う大企業によく見られるケースです。

DXは全社を巻き込み、トライ&エラーで前進させていくことが常道です。しかし、大手企業がDXに取り組む場合、コンサル会社やシステム会社に膨大な費用をかけて丸投げしてしまうことが少なくありません。その結果、費用にも上限があるため、取り組みが長続きせず、自然消滅してしまいます。もちろん、社内にノウハウは残りません。

これらのケースは、いずれも多くの日本企業で現実に起こっている問題です。リーダーのDXへの覚悟不足、エンジニアやマーケターへの過度な期待、外部依存による継続困難など、いずれもDXに対する「他人任せの意識」が迷走を生んでいます。

「デジタル格差」が広がり、迷走を生んでいる

「他人任せの意識」は、仕事に対する取り組みの違いである「デジタル格差」を生み出してしまっています。

デジタル格差とは、デジタル化に積極的な人と、そうでない人との差になります。

デジタル化に積極的な人は、デジタルを進んで活用し、自らの仕事のあり方を変えようと努力します。コロナ禍でリモートワークが話題になれば早速試し、その有用性を見極めようとします。ITの知識や業務経験の有無にかかわらず、新しいものに抵抗なく挑戦できる人が多いようです。

デジタル化に消極的な人は、デジタルを活用しようとせず、今までの仕事のあり方を変えようとしません。リモートワークが話題になっても、試す前から「今のままがいい」と言って、新しいものを活用する発想がないのです。この傾向は、中高年世代や安定した職種に就いている人、過去の成功体験や安定した生活を壊したくない人に多いようです。

このデジタルへの取り組み姿勢の差が将来、大きな格差となることは明白です。仕事や生活の迷走を生み出すかもしれません。所得の格差にもつながるでしょう。そして、「富める人」「貧する人」という構図を生み出す可能性も高くなります。

この傾向は、人ではなく「企業」にも当てはまります。

世界に比べて安定を好み、人材の流動性が低い日本では、格差が広がる危険性が極めて高いと言えます。私は、デジタル格差が広がる世の中は、不健全であり、日本経済の発展を妨げる要因になってしまうのではないかと危惧しています。

日本全体のDXを進めるためには、社会全体のデジタルスキルを底上げし、人々が等しくDXの恩恵を得られる世の中に近づけていくべきだと思います。そのためにも**企業は、自社のデジタルスキルの底上げに力を入れることが必須です。**

しかし多くの日本企業では自社のデジタルスキルを上げるどころか、「他人任せのDX」になっています。そしてそのことが、日本のDXを迷走させる一因になっているのです。

「デジタル格差」が迷走に拍車をかける

エンジニアやマーケターへの過度な期待がＤＸを停滞させている

「他人任せのＤＸ」の最たるものが、エンジニアやマーケターの採用です。

コロナ解雇が話題となっている２０２１年初頭の時点において、エンジニア、マーケターともに有効求人倍率は5倍を超えています。他職種の有効求人倍率が1倍前後であることを考えると、その人気は群を抜いています。

採用する企業側は、インターネットに詳しいエンジニアやデジタルマーケティング経験のあるマーケターであれば、ＤＸを進めてくれると思い込んでいるのでしょう。この数年、システム会社や広告代理店に勤めた程度の30歳前後の若手が、採用の過熱から、１０００万円を超える年収で採用されているケースもあります。これは何とも異常な状態であり、いびつな雇用格差を起こす要因になっています。

私はこの状況を見ていると、ネットバブル時代の人材獲得の過熱ぶりを思い出します。当時、インターネットブームに乗り、Ｗｅｂデザイナー、ネットワークエンジニア、ゲームクリエイターなどが脚光を浴びていました。ところがブームが去ると、その人たちは皆〝ただの人〟になりました。ブームに乗って大量採用した会社では、採用した人材が大きな負担となり、リストラせざるを得なくなったのです。

現在の状況は、まさに当時の状況に酷似しています。やがて、このエンジニアやマーケター獲得合戦も、一部の本当に優秀な人材を除けば、落ち着くはずです。しかし、このままでは、当時と同じ過ちをくり返す危険性があります。**エンジニアやマーケターへの過度な期待が、ＤＸを停滞させている可能性があるのです。**

エンジニアやマーケターを採用してもうまくいかない理由

人材採用について相談を受けると、私はよく、「ＤＸを推進するにあたって本当に必要なのは、エンジニアやマーケターではなく〝ＤＸ人材〟です」とアドバイスしています。また、「エンジニアやマーケターを採用しすぎないほうがいいです。やがて負担になりますから」ともアドバイスします。

すると相手は不思議な顔をして「エンジニアやマーケターとＤＸ人材は違うのです

か？」と予想通りの質問をしてきます。

そこで私は、「エンジニアはシステムの専門家、マーケターはプロモーションの専門家でしかありません。**ＤＸ人材とは、業務・システムを熟知し、企業に変革を起こせる人です**」と答えます。

システム構築の専門家であるエンジニア、プロモーションの専門家であるマーケターは、専門性はあっても、現状を「変えていく」スキルを持っていない人も多くいます。そのため採用したとしても、その取り組みは、システム導入やＷｅｂ販促などの表面上の仕事に限定され、本来のＤＸは実現されないことが多いのです。

エンジニアやマーケターを外部から採用してもうまくいかないことが多いのは、このような理由からです。

ＤＸを実現できる人材は、くり返しになりますが、業務・システムを熟知し、企業に変革を起こすことができる人材です。ＩＴの専門家やプロモーションの専門家を高い給与で採用することは間違いであり、即刻やめるべきです。それよりも、**企業内の人材を「ＤＸ人材」として育成していくことが近道であり、現実的な解決方法**と言えます。

DXを成功させる唯一無二の方法とは?

人材育成の必要性は理解していながらも、多くの人が日々の仕事に忙殺され、短期的な成果を追い求めているのが現実ではないでしょうか。海外の成功事例を模倣してはシステムの導入を急ぎ、多額のコストを投じたにもかかわらず、DXが停滞しているケースも多いと思います。

実際に私たちの会社にも、「高額で大手コンサル会社に依頼したが、海外事例を模倣した分厚い資料が納品された」「システム会社に依頼したが、流行のシステムの導入がされただけ」といった相談が増えています。そして、結果が得られる前に費用が枯渇し、DXをあきらめざるを得なくなっているのです。

そのたびに私は、クライアントに対し、**「DXは他人任せにしてはいけません。自社で自立し、自走できるように、社内人材を育成すべきです」**と話しています。

ただし日本は、DX経験のある人材はまだまだ少ないのが現状です。最初は外部に頼ったとしても、最終的には自社にノウハウが残すことが大切です。つまり、**変革やITスキルを教えるノウハウを持つ外部の力を借りつつ社内の人材にDXを経験してもらい、DXを自社で継続していく**わけです。これが、DXを成功させる唯一無二の方法と言えます。

またＤＸを成功させるためには、長期視点で、強い思いを持って変革に取り組む姿勢が必要です。変革とは、従来のビジネスを否定し、ゼロからビジネスを組み立て直すこと。**「第二の創業」のつもりで、全社一丸の覚悟で取り組むことが欠かせません。**

そのためには、デジタルを恐れず学び、過去の成功体験を捨て、正面から未来を切り拓く「ヒト」が大切です。その「ヒト」こそが、ＤＸを成功に導くのです。

経営者の「意識の差」がＤＸを遅らせている

ＤＸが進まないのは、「経営者の意識の差」にもあります。

日本は、世界に比べるとＤＸに対する取り組みが遅く、何も対処できていない経営者も多いのが実情です。これは、「経営者の意識の差」に起因しています。

世界の経営者の多くは、起業経験者やＩＴの有識者など、ＤＸに必要なスキルを持つ〝プロ経営者〟がその座に就いています。対して日本の経営者は、組織の中で育った人が多いため、起業経験はおろか、ＩＴ知識などのＤＸに必要なスキルを苦手にしている人が大半です。この違いが、企業変革の遅れや、デジタル後進国と言われる現在につながっているのです。

経営者がＤＸに取り組むときは、起業経験やＩＴ知識などのスキルを持っていると有利

です。起業経験を持つ人は、会社をゼロベースから組み立て、変革をリードすることができます。IT知識を持つ人は、デジタル化の未来像や実現方法について想像することができるからです。

これからの経営者は、DXに積極的な環境をつくっていくべきです。

人間は環境によって左右されます。都会に住めば都会の暮らしに順応し、離島に住めば自然豊かな暮らしに順応していきます。環境は、国であれば大統領や首相、企業であれば経営者、学校であれば学校長、個人であれば自分自身がつくりあげていくものです。同様に、デジタル環境に囲まれていればDXに積極的に、アナログ環境に囲まれていればDXには消極的になるものです。

DXの取り組みの差が広がりつつある今、経営者は一刻も早く手を打つべきです。

そしてこの状況を脱却するためには、経営者が猛然とDXに必要なスキル習得の努力をするか、デジタル資質を持った人材に経営を任せるかを選択するしかありません。

その判断を早急に行い、迅速に行動する経営者こそ、これから会社を成長させることになるでしょう。**経営者は「他人任せ」をやめて、自ら率先垂範で動いていくべき**なのです。

社内の人材育成が、ＤＸを成功に導く

ヒトの意識を変え、企業風土を変える

「ＤＸは、ヒトを正しく変えていけば必ず成功します」

これは、「ＤＸはどのようにすれば成功できますか？」と、多くのクライアントに聞かれたときの私の回答です。

企業経営に利用できる要素として、経営資源があります。

経営資源は、「ヒト」「モノ」「カネ」の3つから成り立っています。

ヒトは人材のこと、モノは企業経営のために人が扱うモノのこと、カネは企業を経営するための「血液」とも言える資金を指します。

この3つをＤＸにあてはめると、**ヒトは「企業の活動に関わる人材」**、**モノは「システムや新しいビジネスモデル」**、**カネは「投資資金」**と考えることができます。

最近では、ＤＸに取り組む企業も増え、資金を準備し、システムを導入する企業も増えてきました。しかし、「ヒト」への取り組みができていない企業が多いのが現状です。

ヒトへの取り組みとは、いわば人材育成のことです。

ビジネスは人と人とのつながりであり、企業は同じ目的を持った人々の集団です。人材育成が進み、経営者と同じ意識を持ち、同じ方向に動き出したとき、企業は成果を生み出すことができます。これがやがて企業風土となり、従業員の「当たり前の共有意識」となったときには、さらに大きな成果を生み出していきます。

ＤＸは、その既にある企業風土をゼロベースで再構築していく変革です。企業に属する全てのヒトの意識を変え、企業風土を変えていくことこそがＤＸを成功させる、一番の近道なのです。そして「はじめに」でも述べたように、私の考えるデジタル変革を成功方程式で表すと、「成功＝ヒト×ＤＸ」になります。

ＤＸの成功は「抵抗」を超えた先にある

「成功＝ヒト×ＤＸ」の成功方程式を理解したうえで実行すれば、ＤＸは必ず成功します。これは、私の経験からも自信を持って言えることです。そしてその成功は、最大の壁である「ヒトの壁」を超えた先にあります。「ヒトの壁」とは、人の心理的な抵抗を指します。

「はじめに」でも少し触れましたが、私はソフトバンク時代に起業して、7年で200億円企業まで育てました。34歳で社長となってから覚悟を決めて人を集め、育て、未来を見据えてビジネスを組み立て、システムを自前で構築してきました。

中でも苦労したのが、人材の確保、育成です。当時まだ若く、実力も実績もない私が、人を惹きつけ、育成することは至難の業でした。しかし、私は自分にできる行動をあきらめずに続けました。夢を語り、困難があれば自ら飛び込んだのです。やがて人が集まり始め、自分の後に続く人材が育ち、結果に結びつきました。

セブン&アイ・ホールディングスという歴史ある大組織では、事業を立ち上げました。そこで、事業の立ち上げは、ベンチャー起業で学んだ方法が通用することがわかりました。しかし、既存の組織の変革は、当然、一筋縄ではいきません。既に成功体験を持った組織の変革は、一から会社を立ち上げる以上に苦労を要します。その最たるものが「ヒト」でした。

歴史のある会社は既に成功体験を有しており、それが社風となっています。そして、そこで育った社員は、それを「常識」として教えられ、身についています。この「常識」が、「変わりたくない」という心理的な抵抗を生みます。そして、ヒトがつくり出す心理的な抵抗が「ヒトの壁」となり、変革者の前に大きく立ちふさがるわけです。

これらの経験から、私は、DXの成功は「ヒトの壁」を超えた先にあるのだと確信するに至りました。具体的なエピソードは後述します。

DXに必要な3つのスキルと人材

「DXを進める人には、どんなスキルが必要なのですか?」という質問を受けることがあります。私はそれに対し、DXに必要なスキルは、**「企業変革スキル、業務改革スキル、システム構築スキルの3つです」**と答えます。

企業変革スキルとは、企業のビジネスモデルを、ゼロベースで再構築するスキルのことです。このスキルは、責任者の立場で起業や新規事業の立ち上げなどを進め、ときには周りと衝突しながらも粘り強く説得するといった経験を積むことで培うことができます。

業務改革スキルとは、業務を体系的に整理し、課題を明確化させ、時流に合った対応策を考え、改革を推進できるスキルのことです。このスキルは、常日頃から会社全体の業務を理解し、意識して俯瞰することで養うことができます。

システム構築スキルとは、企業で稼働しているシステムを体系的に整理し、業務改革と連動しながらシステムを構築していくスキルのことです。このスキルは、既存のシステムを大局的に理解したうえで、最新のＩＴの流行を把握し、意識して将来像を想像することで養われていきます。

これらのスキルを全て兼ね備えた人材を採用できればベストですが、残念ながらごく少数です。とくに日本は、世界に比べると人材の流動性が低いことから、マルチなスキルを持つ人材が育ちにくい状況です。

こうした理由からも、**ＤＸを推進する人材は、外部の力を借りながら、社内で育成するほうが近道**です。そして、どのような人を育成するかというと、**リーダーシップとコミュニケーション力の高い人材、あるいはその素養のある人材を選ぶこと**です。

リーダーシップがあるかどうかは、自ら答えを出してきた経験があるかどうかをチェックするとわかります。過去に新しいプロジェクトを立ち上げた経験や、大きなトラブルを解決した経験などが該当します。組織や上司に頼らず自分で考え、決断し、困難を乗り越えた経験を持つ人を選ぶといいでしょう。順風満帆な人生を送ってきた人よりも、**逆境を乗り越えてきた人のほうが、変革には適しています。**

「成功＝ヒト×ＤＸ」を実現する5つのステップ

私の考える「成功＝ヒト×ＤＸ」を実現するうえでは、必ず順に進めていただきたい5

つのステップがあります（次ページの図2－2）。

まず、経営者の意識を変えて決意を促すことから始まります。次に、変革するためのデジタル推進体制を構築します。その後、未来を想像して業務の改革に取り組み、自社でITをコントロールしていきます。最後は、組織や個人に定着させて変革を加速させていきます。一つひとつ、詳しく説明していきましょう。

1 経営者の意識を変え、決意を促す

第1のステップは、経営者の意識を変え、決意を促すことです。

経営者が決意をしない限り、全社一丸の変革を進めることはできません。経営者自身が変革の決意をするか、周りが経営者に決意をさせることが大切です。第3章で詳しくお伝えします。

2 デジタル推進体制を構築する

第2のステップは、デジタル推進体制の構築です。

変革は、経営者だけでは進められません。経営者と二人三脚で変革を進めるデジタル推

図2-2 「成功＝ヒト×DX」実現ステップ

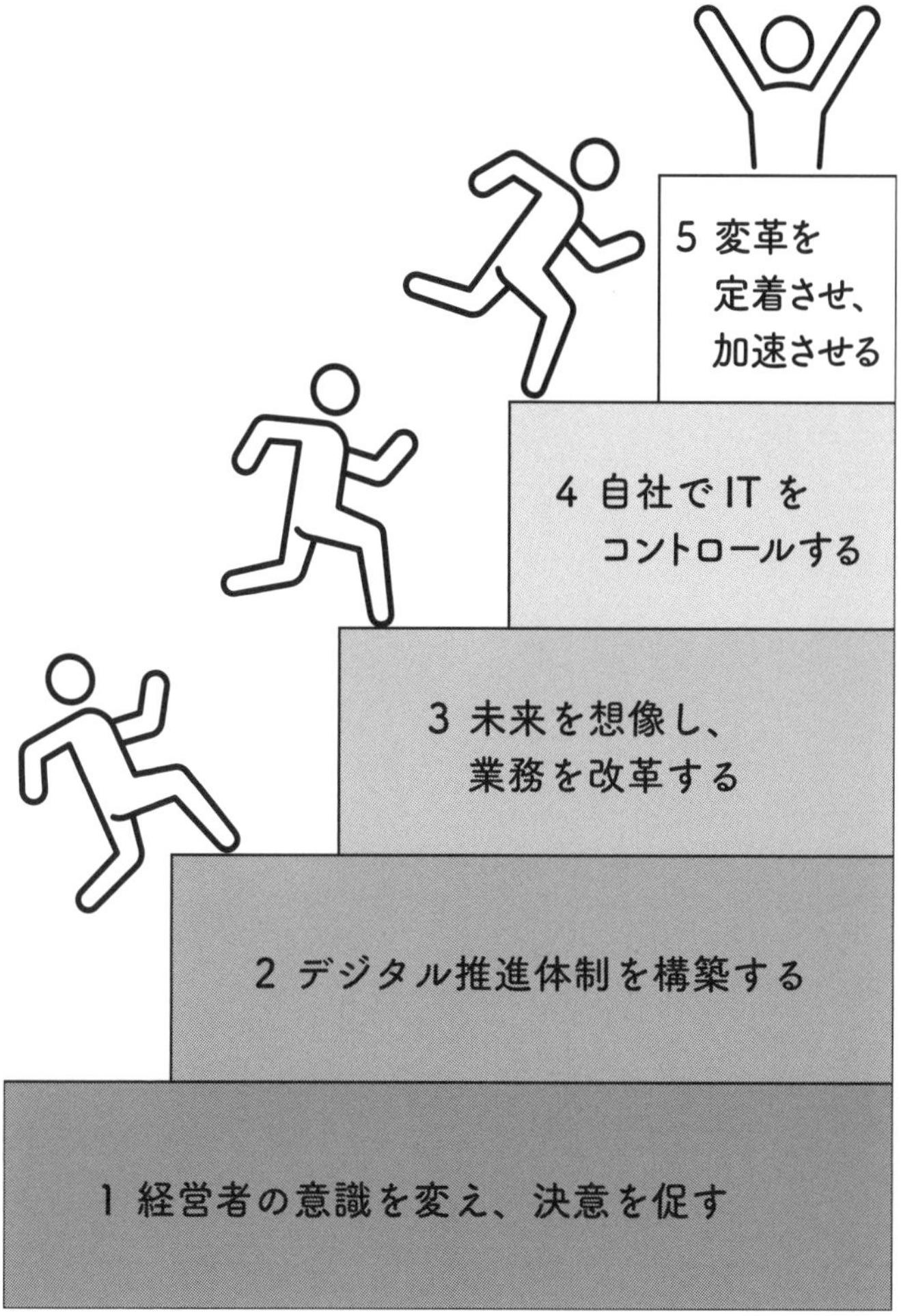
5 変革を
定着させ、
加速させる
4 自社でITを
コントロールする
3 未来を想像し、
業務を改革する
2 デジタル推進体制を構築する
1 経営者の意識を変え、決意を促す

進体制を慎重に構築し、推進プロジェクトを発足させることが、DX成功の近道です。第4章で詳しくお伝えします。

3 未来を想像し、業務を改革する

第3のステップは、未来を想像した、業務改革です。DXを「システムの導入」と勘違いしてしまうことがありますが、業務改革こそDXの真髄です。未来の顧客をイメージして、自社のビジネスをどのように変化させるか想像し、今ある業務を改革していきます。第5章で詳しくお伝えします。

4 自社でITをコントロールする

第4のステップは、第3ステップの業務改革と連動して、システムの導入を検討していきます。

このときに重要なのは、従来の独自のシステム開発から脱却し、システムをプロデュースする発想に転換していくことです。そのため、クラウドサービスの活用などが前提となります。こちらは、第6章で詳しくお伝えします。

5 変革を定着させ、加速させる

第5のステップは、進み出した変革の定着です。

必ずしも最初から成功するわけではありません。粘り強くあきらめずに行動していくことで、周囲の意識が変わり、協力を得られるようになっていきます。この第5ステップまできてはじめてＤＸは、大きな成果をもたらすことになるでしょう。第7章で詳しくお伝えします。

ピーター・ドラッカーの言葉に、「本物の変化か、一時の変化か、見分け方は簡単である。本物の変化とは人が行うことであり、一時の変化は人が言うことである。話にばかり出てくるものは一時のものである」という名言があります。

「成功＝ヒト×ＤＸ」を実現する5ステップは、人や組織を変革させる方法であり、ＤＸを成功させるうえで必ず通らなければいけない道だと私は考えています。この一つひとつのステップを確実に、一段一段階段を上るように進んでいけば必ず成功します。もし、どこかでつまずいた場合は、一段下がってやり直す気持ちで取り組んでみてください。

次章より、「成功＝ヒト×ＤＸ」を実現する５ステップについて、それぞれ詳しくお伝えします。

第3章

経営者の意識を変え、決意を促す

そのことはできる、それをやる、と決断せよ。それからその方法を見つけるのだ。

エイブラハム・リンカーン（アメリカ合衆国元大統領）

「経営者の決意」が変革の第一歩

経営者がするべき4つの決意

「成功＝ヒト×ＤＸ」を実現する最初のステップは、経営者の決意です。

ＤＸは、くり返しになりますが、経営者の決意と行動が成否を決めます。ＤＸは、現状課題を解決する業務改善ではなく、**「第二の創業」とも言える企業変革**だからです。

経営者は、変革を成功させるために、４つの決意をする必要があります。

具体的には、時代の変化を強く認識する、人任せにせず率先垂範で行動する、全社を巻き込む変革の覚悟を持つ、あきらめない心を持ち続けることです（次ページの図３－１参照）。

1 時代の変化を強く認識する

世界中のあらゆる企業が、目の前に迫っているデジタル社会の勝者となるべく、ＤＸに

図3-1　経営者がするべき4つの決意

1　時代の変化を強く認識する

2　人任せにせず率先垂範で行動する

3　全社を巻き込む変革の覚悟を持つ

4　あきらめない心を持ち続ける

取り組んでいます。約1万2000年前に農業革命でこの流れに乗れなかった部族は衰退し、産業革命のときに流れに乗れなかった国家・企業は衰退しました。同じように情報革命の最中である今、DXに取り組まない企業は衰退の道をたどるしかないのです。

この重大な局面を、どれだけの経営者が認識しているでしょうか。

経営者の、この歴史的な変化に対する認識の強さは、近い将来、必ず大きな差となって表れます。強く認識し、既に動き出している感度の高い経営者の企業は生き残り、足踏みをしている経営者の企業は衰退していくのです。

2 人任せにせず、率先垂範で行動する

DXを成功させるために経営者は、率先垂範で行動していくことが大切です。DXとは、企業の過去の常識や成功体験を否定しながら大きな変革を成し遂げるプロセスとも言えます。その意味で、経営者の姿勢が重要になるからです。

DXを起こすうえで知っておきたいのが、マネジメントとリーダーシップの違いです。

この2つは、意外と区別なく使われがちです。マネジメントとリーダーシップを各々解説し、比較してみましょう（次ページの図3－2参照）。

図3-2　マネジメントとリーダーシップ

	マネジメント
イメージ	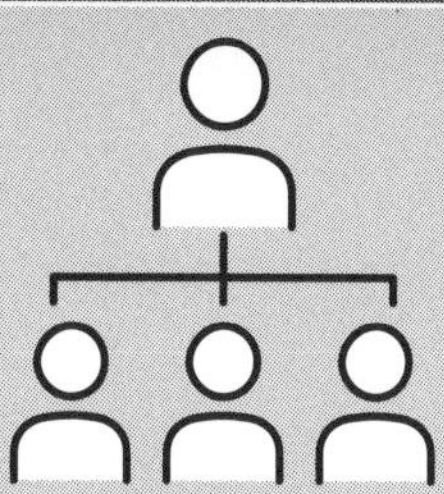
源泉	地位・権限・規則
視点	今（プラン）
使命	秩序の維持

	リーダーシップ
イメージ	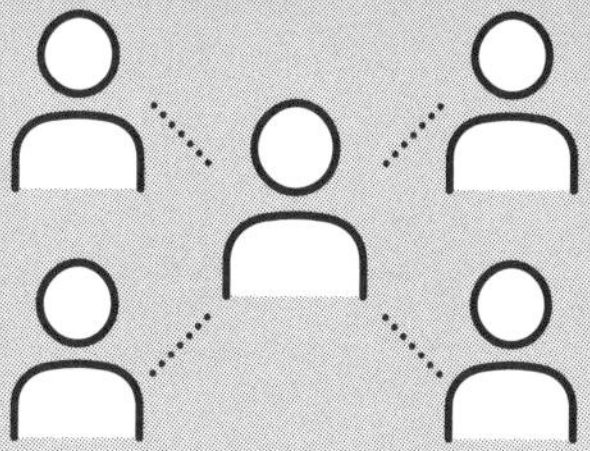
源泉	人間性
視点	未来（ビジョン）
使命	創造的破壊

マネジメント型の人の源泉（原動力）は、高い地位や強い権限、明確に固まった規則であり、目の前の今（プラン）だけを見ています。そして、集団の秩序を乱すことなく、維持し続けることを使命に、命令して人を動かすタイプと言えます。

一方、リーダーシップ型の人は、周囲を惹きつける人間性をもとに、未来（ビジョン）を見て、人と同じ視点を持ちつつ、先頭に立ってメンバーを引っ張るタイプです。

彼らは、未来に向けて常に「創造的破壊」を使命とし、過去の成功体験を破壊（否定）し、新たな価値を創り続けていきます。

日本の経営層はどちらかと言うと、前者のマネジメントタイプに偏りがちなように思います。しかしDXは、経営者がリーダーシップを発揮することが求められます。社員と同じ視点に立ち、意識を同じ方向に向け、全社一丸となって前進することが欠かせません。

そのためにも躊躇せず過去を破壊し、ビジョンを明確にして、新しい価値を創造することが求められます。自ら先頭に立ち、率先垂範で社内の改革に邁進する姿を見せることで、社員たちも一緒に動き出すのです。

決してマネジメントが必要ないと言っているわけではありません。大きな組織を動かすには、ときにマネジメントのような強制力が必要な場面も必ずあります。企業の経営者には、**マネジメント力とリーダーシップ力の両方を使い分けられるバランスが必要**なのです。

3 全社を巻き込む変革の覚悟を持つ

重要なことなのでくり返しますが、DXは、過去の成功体験を破壊して新しい価値を創造することです。これまで安定しているものや慣れ親しんだ仕事のやり方を破壊することは、経営者にとって非常に勇気のいることです。抵抗もあるでしょう。自分自身の過去を否定しているようにも感じられると思います。経営者は相当の覚悟を持って、自ら変革の先頭に立つことが求められます。

さらにDXは、経営者や一部の人間だけではなく、全社を巻き込む必要があります。全社員に変革を求めるものなのです。当然、社内の抵抗も大きくなることが予想されます。

経営者が会社に変革を宣言したとしても、社内は必ずしも賛同者ばかりではありません。抵抗勢力が「今のままでも十分結果が出ているではないか」と言って、進むべき道を阻むでしょう（86ページ参照）。面と向かって反対という人、反対とは言わなくても協力しない人、状況を傍観する人など、色々な人が出てきます。どんな状況であれ、経営者は、相応の覚悟を持ち、毅然とした態度を取り続けることが求められます。

とはいえ、覚悟は目に見えないものです。私は、クライアントの経営者に、覚悟を常に言葉にするよう推奨しています。**経営者が、ことあるごとに変革の意識を言葉にし続ける**

ことは、本人が思っている以上に効果があります。私自身の経験やクライアント先での状況を見ていても、それは明らかです。

会議で毎週、覚悟を言葉にしていると、最初は「トップが何か急に言い出した」と思われていても、3ヵ月後くらいには「本気なんだ」と、その覚悟が伝わります。

4 あきらめない心を持ち続ける

心理学者のアンジェラ・ダックワース氏は、著書『やり抜く力 GRIT（グリット）——人生のあらゆる成功を決める「究極の能力」を身につける』（ダイヤモンド社）の中で、「どの分野であれ、**成功する人の共通点は、才能よりも、興味、練習、目的、希望をもって『やり抜く力』にある**」と述べています。

「やり抜く力」には、「闘志（Guts）」「粘り強さ（Resilience）」「自発（Initiative）」「執念（Tenacity）」が必要とされ、その頭文字をとって「GRIT」と呼ばれます。

私が共に仕事し、手本とする経営者に、ソフトバンクグループの孫正義《そんまさよし》会長兼社長、セブン&アイ・ホールディングスの鈴木敏文《すずきとしふみ》元会長、SBIホールディングスの北尾吉孝《きたおよしたか》社長がいます。

仕事内容も性格も違うお三方ですが、共通点があります。それは、どんな困難にも立ち向かう闘志、あきらめない粘り強さ、人の意見に左右されない自分なりの哲学を持ち、周囲を畏怖させる執念を持っているということです。

このお三方に多少なりとも影響を受けた私自身、闘志・粘り強さ・自発・執念（GRIT）が発揮されたときには、成功に近づいたと感じることが多いです。また、自分自身が「あきらめない心」を強く意識しているときにGRITが発揮されているように感じます。

DXを成功させるにあたり、あきらめない心を持つことは、何よりも重要なことではないかと私は考えます。DXを成し遂げる強い意志を持ち、あきらめない心を持ち続けることができれば、たとえ最初は結果が伴わなくても、時間の経過とともに、必ず変革は起きます。

経営者が、時代の流れを認識し、自ら率先垂範で行動を始め、周りを巻き込む覚悟を持ち、あきらめない心を持ち続けることができれば、DXは必ず成功するのです。

経営者の決意を引き出す

「誰か」が動き出すのを待っていてはDXは成功しない

「経営者が決意しなければDXは絶対にうまくいきません」

これは、私がクライアントによく話す言葉です。この言葉をどう受け止めるかで、その後の会社の動きは変わってくるように思います。

私の言葉を素直に受け入れ、「まずは動ける範囲で動いてみます」と、経営者が自ら行動し始めた会社や、経営者を動かすために社員が行動を始めた会社は着実に前進し、社内の雰囲気も変わり始めます。

反対に、「そうですね」「協議します」と、行動を保留する会社は、社内のデジタル化が後退し、先行き不安な雰囲気が職場に流れます。とくに若い社員の不安が増大します。

この差はいったい、何なのでしょうか。

もちろん、「DXは必要ない」と判断することも、立派な経営判断です。会社の特性によっては、それが正しい場合もあります。ところが多くの場合、DXを必要だと思っていても、行動に踏み切れないのです。

経営者に話せば、「行動したいと思います、担当者とよく話してください」と言い、担当役員や部門長などに話せば、「実施したいが、社長を説得するのは難しい」「ほかの部署からよく思われない」と話します。やる気がないのかと思って話をしてみると、危機感もやる気もあるのです。

ではなぜ動かないのかと言うと、どうやら、「自分が言い出して、先導役にはなりたくない」という心理が働いているようです。「社長が言い出してくれないからですよ」「現場が言い出してくれたら……」と、皆、誰かが動いてくれるのを待っているのです。

これではダメです。「誰か」ではなく**「あなた」自身が手を挙げ、主体的に行動していくべき**です。

経営者が放つ「No!」には理由がある

このように、DXを成功させるためには、経営者の決意が必要不可欠です。周囲の人間がその決意を引き出すことは非常に難しいですが、決して不可能なことではありません。

経営者のタイプに応じてあきらめずDXの必要性を伝え続けることが、ポイントだと考えます。

経営者は社員の提案に対し、否定することがよくあります。

「Ｎｏ！　やったことのないことはできない」「Ｎｏ！　君の言っていることはわからない」「Ｎｏ！　現状うまく進んでいるじゃないか」「Ｎｏ！　今期の数字を落とせない」「Ｎｏ！　ほかの人とよく話し合ったのか」「Ｎｏ！　株主に説明できないだろう」などという言葉を、一度は聞いたことがあるのではないでしょうか？（次ページの図３－３参照）とくにＤＸを進めるうえでこのような発言は、よく耳にするようです。

こうした後ろ向きな「Ｎｏ！」発言を連発する経営者の発言に、「社長はわかっていない」と嘆く現場部門の人たちの姿を、私は様々な場面で見てきました。チャレンジをさせてもらえず、ＤＸに後れを取る会社の将来を悲観し、転職する決断をした人も多くいます。

では、経営者は、本心から「Ｎｏ！」と言っているのでしょうか。

説得する方法は全くないのでしょうか？

私はそうは思いません。経営者が「Ｎｏ！」と言ってしまうのは、得体の知れないＤＸというものを正しく理解できずに、恐れてしまっているだけです。そんな経営者を動かすには、**彼らが何を考え、何を判断基準にしているのかを理解すること。そして、未来の可**

図3-3　経営者がよく言う6つの「No」

能性を根気強く説得していくことが重要であると思っています。

たとえば、株主の対応を重視する経営者であれば、将来期待される効果を数値で明確に説明します。社内の調和を気にする経営者であれば、他部署に根回しをして、一緒に提案をしていくといった対応が考えられます。

いずれにしても、経営者の立場になって対応することで、必ず道は開けるはずです。

「How」「What」を使い分けながら説得する

経営者を説得するには、彼らの意思決定スタイルやタイプを理解することも重要です。経営者の意思決定のスタイルですが、58ページのマネジメント型とリーダーシップ型同様、大きく2つに分かれます。つまり変革意識が強く、自らのリスクで意思決定する「リーダー型」と、秩序を重んじリスクを嫌い、合議決定する「マネジメント型」です。

リーダー型には、「How」(実現のための具体的な手法)の提供が効果的です。

とくに創業経営者は、ゼロから事業を立ち上げてきた「バイタリティ」と「決断力」があります。一方で、やりたいことは明確でも、やり方がわからないことも多いので、その意思を理解し、具体的に解決してくれる人を求めます。**常に経営者がやりたいことを形にする「How」を提供し続けるといい**でしょう。

マネジメント型は、「What」（何をすればよいか）の提案をおすすめします。

とくにサラリーマン型の経営者は、課長→部長→本部長→役員と段階を踏み、出世争いに打ち勝って社長になっています。しかし、いざトップに立つと、何をしていいのかわかりません。自分の経験してきた分野については自信を持って動かせますが、未経験の分野には不安を感じてしまいます。とにかくリスクを嫌うため、**「What」を多く提供し、承認してもらうかたちをつくる**ことをおすすめします。

また、経営者の資本保有も、意思決定スタイルに影響を与えています。創業者や二代目経営者は多くの株資本を持っていることから、**長期視点で考える**傾向があるため、将来の話から入っていくといいでしょう。プロ経営者やサラリーマン経営者は、毎年の決算数値を自らの成績とされてしまうため、**短期視点で考える**傾向があり、即効性のある話を好みます。これらを念頭に置くことで、より経営者を説得しやすくなるでしょう。

自社の経営者のタイプを知り説得する

次に、経営者のタイプをもう少し細かく分けると、**「創業型」「プロ型」「二代目型」「サラリーマン型」の大きく4つのタイプに分けられます。**各タイプ別の特徴と接し方について紹介します（69ページの図3－4参照）。

1 創業型経営者タイプ

ゼロから苦労して起業した経験を持ち、リーダーシップがあります。長期視点で自分のやりたいことを決め、推し進めていくタイプです。

経営姿勢は、掲げたビジョンをもとに、比較的トップダウンで物事を進めていきます。強烈な個性を発揮しますが、性格は意外と素直な人が多いようです。思ったことはオブラートに包まずはっきり伝え、**「長期視点のHow」を提供するといい**でしょう。

2 プロ型経営者タイプ

経営手腕を買われて経営に参加する場合が多く、創業経営者と同様、トップダウンスタイルで、短期視点で成果主義を貫きます。頭が切れて論理的ですが、性格は意外と頑固な人が多いようです。**論理的に「短期視点のHow」を提供するといい**でしょう。

3 二代目型経営者タイプ

先代から経営を受け継いでいるほか、自社株を持つ大株主でもあります。比較的長期視点で物事を見ます。先代からの社員たちに気を遣い、現状維持の合議制を好みます。性格

図3-4　経営者4つのタイプ

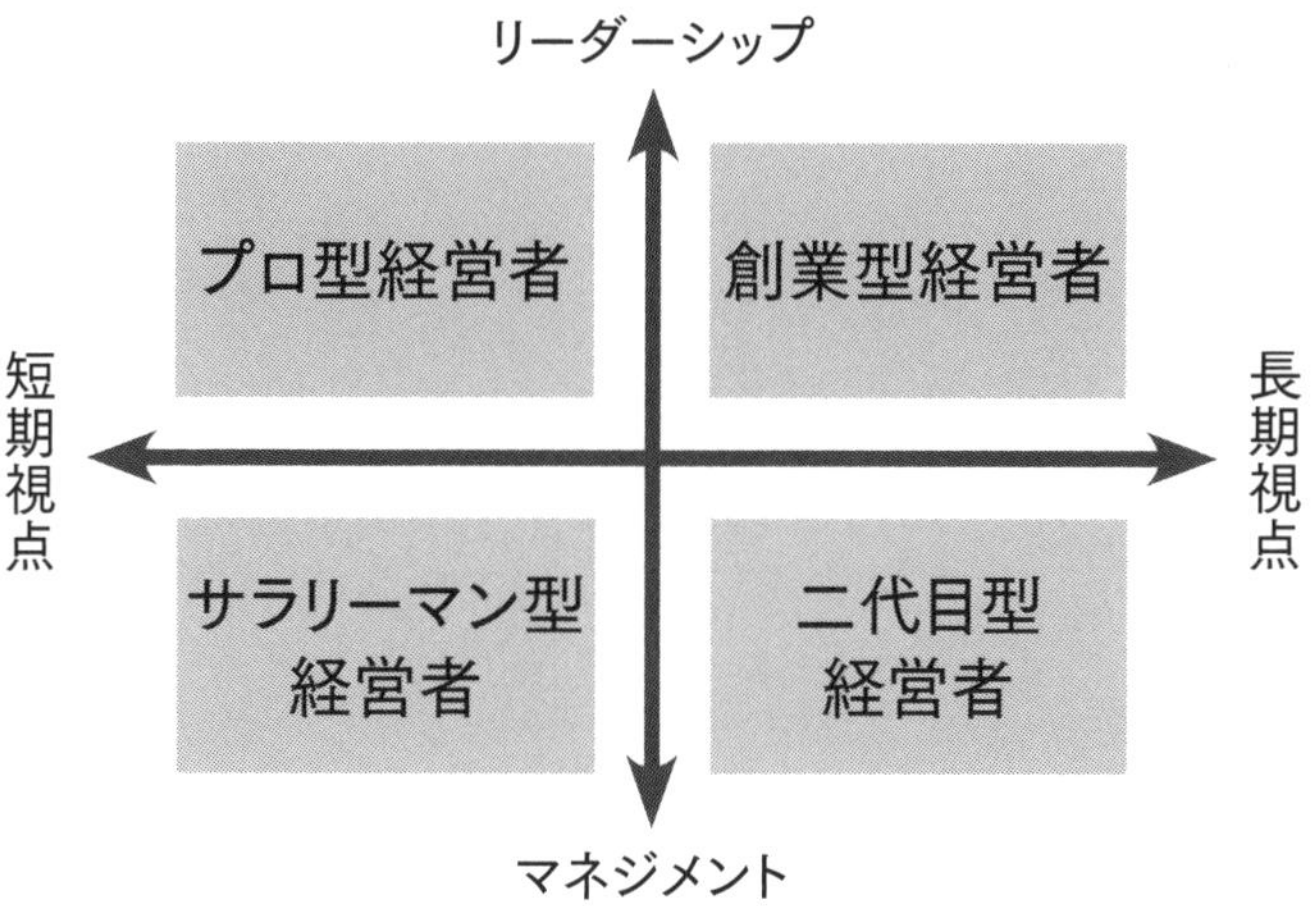

は温和で素直な人が多いようですが、先代と比べられることを嫌います。**応援するスタンスで、「長期視点のWhat」を提供していくといい**でしょう。

4 サラリーマン型経営者タイプ

同じ会社に長年勤め、出世競争を勝ち抜いて経営者になった人です。秩序を重んじ、短期視点の合議制を好みます。性格は一見柔和で素直に感じますが、人を心からは信じられないという人が多いように感じます。**経営者のリスク回避を担保した「短期視点のWhat」を提供していくといい**でしょう。

コロナ禍の今こそ、経営者を動かすチャンス

ここまで、経営者のタイプ別の特徴と接し方について解説してきましたが、これらはあくまで私の経験をもとにした手法です。今いる環境や経営者のタイプにも大きく左右されるため、全てのケースが当てはまるわけではありません。ここで伝えたいことは、経営者を説得するのも、決して簡単なことではないということです。

しかし、経営者の立場に立って説得する努力を続けていけば、未来は必ず変わるはずです。そしてそれを可能にするのは、「絶対にＤＸを成し遂げたい」という情熱しかありま

せん。その情熱で、ぜひ経営者を動かしてほしいと思います。

現在、DXは、新型コロナの流行もあり、本来10年くらいかかるものが、その10倍速くらいのスピードで進んでいます。もはや誰もデジタル社会の到来は否定できません。

とくに経営者は、この激動の流れに大きな不安を抱え、意識も大きく変わってきています。「新しい日常」を体験したことで、これまで以上に、事業の存続や社員の将来を真剣に考えているのだと思います。皆さんも、大なり小なり、世の中の変化を感じ取っているのではないでしょうか。

不謹慎かもしれませんが、コロナ禍でこれまでの常識が通用しづらくなった今こそ、変わるチャンスです。経営者を動かす好機が来たとも言えます。今であれば、経営者のみならず、企業に属する全ての人の意識を変えるのにうってつけです。

変革は、常識を否定することから始まります。ぜひ、これまでの常識を捨て去り、思い切って一歩を踏み出してください。

信念を持ち、リスクを背負って行動する

リスクを背負ってはじめてＤＸは実現できる

最近、新聞や雑誌でも「当社はＤＸ企業に転換する」「当社はデジタル社会に対応し、事業転換する」と話す経営者が増えてきました。その力強い言葉から、日本のＤＸの遅れを取り戻せるのではないかと、つい期待をしてしまいます。

しかし現実には、マスコミや株主に対するパフォーマンスに終わっているケースも少なくありません。内情を見ると、十分な投資や人材の育成・配置が行われていないケースも多く見受けられます。これでは、到底ＤＸを実現することはできません。

なぜこんなふうになってしまうのでしょうか。

一言で言えば、**経営者が信念を持たず、リスクを背負って行動していない**からです。

経営者本来の権限を行使すれば、企業の方向性を変えることは十分可能です。逆に信念がなく、リスクも背負わないと、どんな言葉を発しても状況が変わることはないのです。

経営者はもっと権限を行使すべき

経営者の意識を変えるには、その役割を知ることが大切です。
経営者は、次の大きな権限を持っています（次ページの図3－5参照）。

1 事業方針の決定（何をやるのか）

自社の事業を、社会にどう役立てるのか、何のための、誰のための事業なのか。自分たちの考えを明確にし、何をやり、何をやらないのかを決める権限

2 資金配分の決定（いくら使うのか）

マーケティング、商品、サービスの開発費、人材の採用、人材の育成など、最も有効な費用の使い方を決める権限

3 人材配置の決定（誰にやらせるのか）

一人ひとりの強みを最大限に活かすために、成果が期待できるところで活躍してもらえるよう、どの従業員をどこに配置するかを決める権限

図3-5　経営者が持つ3つの権限

このように経営者は、大きく分けて3つの権限を持っています（前ページの図3－5参照）。これらの権限を適宜行使することで、いかようにも事業を前進させることができます。

しかし、DXに関しては、その権限を行使できていないのが現状です。

リスクを引き受けると得るものも大きい

では、なぜ経営者は権限を行使できていないのでしょうか。

41ページで、日本はDXにおいて、諸外国に比べると後れを取っているとお伝えしました。その大きな要因は、リスクを取ろうとしないからです。

リスクを引き受けない人は、「これはリスクマネジメントだ」と言って、自己を正当化する傾向があります。その背景には、時代の変化を読み取れなかったり、任期中は問題を起こしたくないという保身であったり、周りに強い抵抗勢力が存在していたりと、様々な要因が考えられます。

リスクマネジメントとは、リスク回避することだと考えている人が多いようですが、そうではありません。本来は、「リスクをコントロールすること」です。**いざというときは、**

あえてリスクを引き受けることも重要なのです。

私は、リスクを積極的に引き受けることはいいことだと考えています。リスクが大きいものであるほど、成功したときに得られるリターンは大きくなります。たとえ失敗したとしても、その経験は、その後につながる得難いものになるからです。

もしＤＸに本当に取り組むべきだと考えるのなら、ぜひ、積極的にリスクを背負って取り組んでほしいと思います。

あなたが経営者なら、今すぐにリスクを引き受け、ＤＸを推進する決意をしてください。管理職なら、今すぐ社長に自分の考えを伝えてほしいと思います。担当者なら、まずは仲間をつくり、皆で上司に提案することをおすすめします。

従来の仕事と比べると、異質な行動になってしまうかもしれません。周りから睨まれることもあるでしょう。しかし、**会社にとって本当に必要だと感じるのなら、一切躊躇することはありません**。

成功しても失敗しても、日本の数少ないＤＸの実践者になることは間違いないのです。たとえ失敗してその会社に居場所がなくなったとしても、信念を持ち、リスクを背負ったことのあるＤＸの実践者は、今も、そしてこれからも必要な人材です。確実に、周りから求められる人材になるでしょう。

主体的に行動した経験は、得難いノウハウに変わる

私自身もこれまで、積極的にリスクを引き受け、色々なことに挑戦してきました。今振り返ると、チャレンジしてきて本当によかったと感じています。

31歳のとき、エンジニアとして軌道に乗っていた生活を捨て、富士通からソフトバンクに転職しました。当時のソフトバンクは、まだまだベンチャー企業です。しかも、経験のない営業職にチャレンジしました。執行役員になってからも、その地位に固執することなく、自らベンチャー企業を立ち上げました。

おかげさまで40歳になる頃には、普通に仕事をしているだけでは得られない経験をすることができました。その後の自分の「柱」とも言える基礎を築いたとも思います。

41歳のときに経営していたEC会社は、資本移動するかたちでセブン&アイ・ホールディングスグループに移籍しました。日本有数の小売りグループで「リアルとネットの融合」、今で言うところのDXの実現を目指したわけです。

グループを動かすには、実に7年の歳月を要しました。IT業界から来た新参者が周りの信頼を得て経営者や幹部を説得するまでに、それだけの時間がかかったのです。

大きな組織ということもあり、水面下の抵抗には随分悩まされましたが、信念を曲げずに行動し続けた結果、協力者は少しずつ増えていきました。グループ戦略として承認された2年後の2015年には、リアルとネットを融合した新しい小売業のスタートを切ることができました。

その後、トップ層が世代交代し、経営の方向性が大きく変わりました。経営スタイルも「創業型リーダーシップスタイル」から「サラリーマン合議スタイル」へと変わり、短期成果を重視する日本型リスクマネジメント経営へと転換していきました。「選択と集中」という方向性の中、長期戦略であるデジタルの取り組みは縮小されていきました。

経営者の強い決意がなくては、DXを起こすことはできません。その後DXの時代が到来したことを考えると残念に思えます。私は、グループを離れる決断をしました。

そして、「はじめに」でもお話ししたように、現在は、企業のDXを支援する仕事を行っています。

これらはいずれも、リスクを引き受け、挑戦してきた私の歴史です。

今振り返ると、信念を持ち、リスクを背負って行動したことが、周囲の人を動かしたのだと思います。おかげで、当時の経営者や幹部をはじめとする周りの方々から、多大なご協力、ご支援を得ることができました。当時の皆さんには感謝しかありません。

もちろん、全てが成功しているわけではありません。失敗もありますが、どの経験も自分の血肉となり、ノウハウとなっています。苦労もありましたが、今ではそれまでの全てに感謝しています。

皆さんも、ぜひ信念を持ち、積極的にリスクを背負って行動してほしいと思います。そして、ぜひ、日本のＤＸを担うリーダーとして、経営者を動かし支えてください。そして、もしチャンスに恵まれれば、自らが経営者となって、ＤＸの実践に挑戦してほしいと思います。


米国元大統領のエイブラハム・リンカーンの言葉に「そのことはできる、それをやる、と決断せよ。それからその方法を見つけるのだ」という名言があります。

経営者は、まず、何はともあれ決断することが大切です。方法を考えるのは、それからでもよいのですから。

第4章

デジタル推進体制を構築する

改革は内部からなるもので、外部からもたらされるものではない。

エドワード・ギボン（歴史家）

「体制づくり」がDXの成否を分ける

変革は経営者だけでは起こせない

「DXに何度も挑戦していますが、なかなかうまく進まないのです」

企業の担当者から、このような相談を受けることが多くなりました。話を聞くと、その原因は、「推進体制」にあることがほとんどです。

経営者が不退転の決意でリスクを背負い、DXに取り組んだとしても、それはまだ変革の第一歩を踏み出したにすぎません。経営者一人で変革は起こせないからです。

「成功＝ヒト×DX」第2のステップは、**「DX推進体制の構築」**です。これは、経営者と二人三脚で、組織横断で動き、外部を巻き込んでDXを成功に導くことです。

推進体制の構築を疎かにして行動を進めた結果、せっかくの取り組みが迷走し、暗礁に乗り上げるケースを私は数多く見てきました。推進体制づくりはDXの成否を決定づけると言っても過言ではないくらい重要なので、慎重に構築していく必要があります。

ここでは私の体験をもとに、推進体制構築のポイントを3つお伝えしたいと思います。

1 外部の知恵を借りる

私も過去、デジタル推進体制の構築で頭を悩ませた経験があります。

セブン&アイ・ホールディングス時代に、オムニチャネル戦略のリーダーを務めたときのことです（オムニチャネルとは、あらゆるメディアを活用して顧客と接点をつくり、購入経路を意識させることなく販売促進につなげる戦略のこと）。

セブン&アイグループは、事業会社としてセブン‐イレブン、イトーヨーカ堂、そごう・西武、ロフト、赤ちゃん本舗など、業態の異なる多くの事業会社を抱えていました。

これらを一つにまとめて新しいDXを推進するには、相当の困難が予想されました。

そこでまず各社から、このプロジェクトに参加するメンバーを選定してもらい、ディスカッションを始めたのです。

しかし、早速暗礁に乗り上げます。話を進めようとしても、進まないのです。

2013年当時の小売業は上意下達の組織が当たり前で、企業変革の経験はおろか、変革について理解している人はほとんどいません。デジタルに関する知見もほぼ皆無で、これではディスカッションをしようにもできるはずがなく、私が一方的に話をする状況が続きました。

知識レベルを合わせる意味であれば、このやり方は有効と言えます。しかし、このままでは埒《らち》が明かないと考えた私は、外部の力を借りることにしました。取引先に協力してもらい、プロジェクトに新しい風を吹かせようと考えたのです。

システムでお世話になっていた日本電気や野村総研、オラクル、そして広告でお世話になっていた電通のほか、前職のＩＴ業界で得たつながりもあり、ソフトバンク、Yahoo!、グーグルをはじめとする多くのベンチャー企業に声をかけ、参加してもらいました。

この他社からの参画は、想像していた以上に効果がありました。業務に強いグループのメンバーとデジタルに強いＩＴ企業のメンバーがいい意味でぶつかり合い、ディスカッションが進み始めたのです。プロジェクトは想定以上に活性化しました。

プロジェクトは、オープンに外部の知恵を入れていくことが大切であり、とても有効な方法であると言えます。

2 全社を巻き込む配慮を忘れない

プロジェクトが活性化したら、その空気を周囲に広げていくことも大切です。

実際に私たちも、プロジェクトを活性化させる一方で、そのほかのグループ社員には全く関係のないことだと思われていました。そこで、自分たちの取り組みを少しでも身近に感じてもらおうと思い、**プロジェクトの目指す未来を映像化**することにしたのです。

まずは近未来の顧客像を明確にしようとしました。具体的には、当時から7年後の2020年を想像したうえで、様々な年代や職業のペルソナ（顧客像）を70近く洗い出し、未来像を描いていきました。

20歳のひとり暮らしをしている大学生は、7年後にはどんな生活をしているだろうか？　子どもが一人いる35歳の主婦は、7年後、子どもが手を離れた後、どんな生活をしているだろうか？　といったことを明確にしたのです。

そして映像では、3つの家族がデジタルを上手に活用している生活を、ドラマ仕立てで表現しました。さらにその映像を、年に一回開催されるグループの方針説明会の場で公開。数千人のマネジャー層に観てもらいました。また映像を各社に配布し、視聴してもらったのです。若手や中堅社員から、「自分たちがこんな世界を実現すると思うとワクワクします」「プロジェクトに立候補したいのですが」と、うれしい言葉を聞かせてもらったことを思い出します。

このように、プロジェクトを進めることは大切ですが、**同時に周りの人々への理解を深めることで、よりスピーディにそのプロジェクトを進めることができます。**

3 抵抗勢力と対峙する

周囲の抵抗に対し、向き合うことも大切です。

プロジェクトが進み、周りの理解も得られるようになってきたと思っていた矢先、私たちの前に大きな壁が立ち塞がりました。変革に対する人の抵抗です。

私は元々グループで育った人間ではなく、外部から来た人間です。いわば〝外様〟である私がプロジェクトを推進することを面白く思っていない人たちが、プロジェクトが進むに従って、〝抵抗勢力〟として立ちはだかったのです。そのほとんどが、自分より年上で、役職も上の人たちでした。

自分より若く、在籍期間も短い担当者が何か新しいことを始めると、前から会社にいる人は、どんな風に捉えるでしょうか。私の場合、おそらく、自分たちの培ったものを壊そうとしているように感じさせてしまっていたのではないかと思います。

この勢力には参りました。面と向かって意見を言うのではなく、表には出ない老練な手口で足を引っ張ってきたからです。「それは素晴らしい」と褒め称えながらも動こうとしないのは日常茶飯事で、ときには、「鈴木は銀座で飲み歩いており、リーダーとして問題がある」といった怪文書を流されたりもしました（ちなみに私はお酒を飲まないので、飲み歩くことは不可能なのですが)。

悩む日が続き、当時の社長の村田紀敏《むらたのりとし》さんに相談させてもらいました。村田さんは人格者で、悩みの相談にも懇切丁寧に応じてくださいます。お話しするうちにいつの間にか頭の中が整理されて、悩みが消えてしまうのです。このときも、抵抗勢力の扱いについて話を聞いてくださいました。

そして、コミュニケーションの大切さを改めて痛感した私は、「毎週金曜日の朝8時から1時間、プロジェクトの進捗報告をさせてください。そのときには、各事業会社の社長も同席させてもらえないでしょうか」とお願いをしました。すると村田社長は「わかりました。そうしましょう」と、笑顔で了承してくれたのです。

その後、事業会社の社長同席のもと、プロジェクトの進捗報告を続けました。1年半、毎週欠かさずに継続するうちに、やがて抵抗勢力は大人しくなっていったのです。

この経験から、変革に抵抗はつきものであり、ときにはポジションパワーで抑えることも必要だと知りました。**抵抗勢力に遭ったときには、ポジションの高い人に協力を仰ぎ、その人の同意のもとで進めることも大切**になります。

苦労が大きいからこそ、成功したときの喜びが大きい

こういった話を聞くと、「リーダーになると苦労ばかりだから、やりたくない」と思うかもしれません。デジタル推進体制を構築してプロジェクトを進めているときは、確かに、人並み以上に苦労すると思います。

しかし、プロジェクトメンバーと苦労を共にして、その後成功に向かったときには、通常の仕事では得られない達成感とやりがいを感じることができます。

私たちは多くのデジタル推進体制構築やプロジェクト推進の支援を行っていますが、どのプロジェクトも一筋縄ではいきません。苦労することも多々あります。

その一方で、プロジェクトが成功した折には、メンバーの皆さんと喜びを分かち合うことができます。リーダーはもちろん、メンバー全員が、とてもいい表情をしています。その顔を見たい一心で、私は今でもＤＸのご支援を続けているのかもしれません。

私が経験し、学んだ3つの推進体制構築のポイントを知っていただくことで、少しでもスムーズにＤＸを推進するきっかけになればと思います。

デジタル推進体制構築の6つの極意

推進体制づくりは起業より難しい

私は経験上、既存事業でＤＸを推進するほうが、起業より難しいと思っています。その理由は、「環境の違いによる人の意識」にあります。

ゼロからの起業であれば、関係者の意識も未来を向いているので、体制をつくりあげることはそれほど難しいことではありません。

一方、ＤＸの場合は、既存のビジネスの成功体験を一度捨てたうえで、新しい意識で体制をつくりあげる必要があります。その分、難易度は上がります。**デジタル推進体制を作る際は、この「環境下の違いによる人の意識」に注意を払うことが欠かせない**のです。

デジタル推進体制構築の6つの極意

成功体験を持つ組織で新しいことをしようとすると、抵抗に遭います。ＤＸを推進しようとする場合も同様です。その抵抗を克服するためにも、推進体制の構築は、その後に起こり得ることを想定して慎重すぎるくらいに行う必要があります。具体的に気をつけてほしい点を、私の体験をもとに「推進体制構築の6つの極意」としてご紹介します（次ページの図4－1参照）。

極意1　推進リーダーは、経営者が一番信頼する人を任命する

デジタル推進リーダーは、経営者の右腕とも言える存在です。経営者が一番信頼できる人を任命し、二人三脚で辛苦を共にしながら推進していくべきです。

これは常々経営者の方にアドバイスしていることですが、会社全体の変革を実施する場合、周囲から多くの声が聞こえてきます。それらの声に翻弄されないように、推進リーダーには、心から信頼できる人を任命することが大切です。決して能力だけで任命してはいけません。猜疑心を持つことなく、**運命を共にできると本心から思える人を任命します。**

極意2　経営者を後ろ盾にして、社内の抵抗勢力に対処する

デジタル推進リーダーには、新しいビジネスの枠組みをつくる役割があります。そのため、既存のビジネスを営む人たちの抵抗を生みやすいのが特徴です。ときには経営者を後

図4-1　デジタル推進体制構築の6つの極意

1 推進リーダーは、経営者が一番信頼する人を任命する

2 経営者を後ろ盾にして、社内の抵抗勢力に対処する

3 メンバーは全社員を対象に、立候補で集める

4 メンバーは様々な部署から選出する

5 外部のメンバーをオープンに参加させる

6 スキル不足の場合は、外部サポーターに頼る

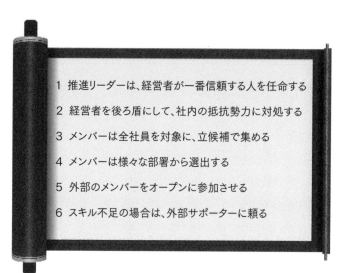

ろ盾にして対処していくことが必要です。

私自身もＤＸのリーダーを担っていたときに、様々な抵抗に遭い、苦労を強いられました。その際、経営者に後ろ盾になってもらったことで、窮地を脱することができました（87ページ参照）。経営者の信頼を得て後ろ盾になってもらうためには、**経営者には常に、報告・相談を定期的に行い、信頼を積み重ねていくことが何より大事**です。

極意3　メンバーは全社員を対象に、立候補で集める

リーダーが決まったら、次はメンバーの選定です。メンバーは、全社員を対象に、「立候補」で選定することが望ましいです。**全社員の中から選ばれたメンバーは、使命感を持って仕事をしてくれる**からです。

ＤＸは長い道のりです。順調なときもそうでないときもあります。私自身も、最初はグループの各方面からメンバーを任命してもらいました。ところがプロジェクトが暗礁に乗り上げると、任命されたメンバーは一転、自己保身に走る人が多くなりました。対して、自ら立候補した人は、当初の使命感を忘れることなく、共に苦難を乗り越えてくれました。

これらの経験から、推進メンバーは全社を対象に、立候補で決めることが望ましいと言えます。

極意4　メンバーは様々な部署から選出する

メンバーの選定は、同質化を避けるために様々な部署から選定します。一部の部署から選出して進めると、同質化を生みやすく、現場と意見が乖離してしまいがちです。

様々な部署から選出し、全社視点で動くことにより、縦割り組織を融合させます。すると、自然と全社が動き出します。普段あまり交流がないメンバー同士が集まることで、互いに刺激し合い、斬新なアイデアが生まれるからです。また、メンバーには部署を代表しているという意識を持ってもらうことで、各々の部署を巻き込むことも期待できます。

極意5　外部のメンバーをオープンに参加させる

自社のメンバーのみだとアイデアが煮詰まってしまうことがあります。他社からもプロジェクトに積極的に参加してもらうことで、新しい風を吹き込むことが可能になります。84ページでも書きましたが、私もデジタル責任者を担っていたときには、取引先やIT企業、メディア企業などの異業種の方々に入ってもらいました。そうすることで、自社では考えもつかなかった斬新なアイデアがたくさん出てきました。

DXを進めるうえで、顧客や社会の視点を持つことは必須です。**外部のメンバーをオー**

プンに参加させることで、新たな視点を得ることが期待できます。

極意6　スキル不足の場合は、外部サポーターに頼る

推進リーダーやメンバーのスキルが足りない場合があります。そのときは無理をせず、足りないスキルを明確にして、初期段階から経験豊かな外部サポーター（外注会社）をつけることが重要です。

ただし、丸投げは厳禁です。**ある一定期間、そのスキルを自社のものとする前提で力を借りることが、自社を強くすることにつながります。**とくに足りないスキルは「変革スキル」であるケースが多いので、変革経験のある人材を選定するといいでしょう。変革経験者には、新規事業の立ち上げや起業など、ゼロベースからビジネスを立ち上げた経験のある人をサポーターにつけることをおすすめします。

デジタル推進メンバーはローテーションにする

DXは、長い時間をかけて進めていく全社変革です。当然、一朝一夕には成就しません。推進プロジェクトのメンバーは、様々な苦労をしながら進めていくことになるでしょう。

その過程で彼らは〝変革人材〟として、驚くほど成長していきます。人材育成という点

からも、とても貴重な場となることでしょう。

私は、**デジタル推進体制は、ローテーション制にすることをおすすめしています。**半年、1年ごとに定期的にメンバーをローテーションさせることで、多くの人材を育てる場となるからです。また、プロジェクトを経験した後、メンバーが自部門に戻ることで、変革文化を現場に浸透させることも期待できます。

ローテーションをくり返すことにより、変革人材が増え、現場への浸透も進み、やがて会社全体が、変革に強い会社へと成長していくのです。

この節の冒頭でも少しお伝えしましたが、デジタル推進体制の構築は、大胆かつ慎重に行う必要があります。

「なぜ、ここまで苦労して内部でやる必要があるのか」と思う方も多いかと思います。

英国の歴史家のエドワード・ギボンの言葉に、「改革は内部からなるもので、外部からもたらされるものではない」という名言があります。

まさに、改革は内部からなるものです。デジタル推進体制の構築こそが、そのスタートラインに立つための大切な準備なのです。

DXプロジェクトの始動

デジタル推進プロジェクトの始動

デジタル推進体制を慎重に立ち上げたら、いよいよプロジェクトの始動です。まずは、DXを進める目的と目標を明確にすることから始めます（次ページの図4－2参照）。

目的とは、プロジェクトが目指すべき姿であり、言葉や絵で表すことができるものです。たとえば、「顧客は、リアルでもネットでも顧客の都合で購買できるようにする」「社内完全ペーパーレス化、連絡を目的とする会議の撤廃」といった、誰もがイメージしやすい言葉で表現します。

目標とは、目指すべき具体的な指標であり、数値で表すことができるものです。「2年後には売上130％、売上構成のうち20％はネット売上の達成」「1年後には販管費30％削減」などの数値で明確化します。

図4-2　成功するプロジェクト・失敗するプロジェクト

		言葉・絵に表されたゴール	
		目的あり	目的なし
数値で表されたゴール	目標あり	プロジェクトが成功に近づく	プロジェクトが息苦しくなる
	目標なし	プロジェクトが空想に終わる	プロジェクトが迷走する

目標・目的の有無で
プロジェクトの成功は決まる！

目的も目標もなければ、プロジェクトは迷走します。かといって目標数値だけを設定すると、プロジェクトは息苦しいものになります。あるいは、目的だけ設定すると、プロジェクトは空想だけで終わってしまいます。**目的と目標の両方を適切に設定することは、プロジェクト推進においては欠かせない**のです。

このプロジェクトの目的と目標を決めるためには、プロジェクト内で徹底的に議論をする必要があります。互いに本音で意見をぶつけ合い、未来を語り、現状に悩み、目指したい会社の姿を描いていくのです。

このプロセスは大変ですが、プロジェクトのチームワークを高めるうえで欠かせない、大切な作業です。適宜、プロジェクト責任者である経営者を巻き込み、意識のすり合わせを疎かにしないよう気をつけましょう。

プロジェクトの最大の役割は変革

プロジェクトの最大の役割は「変革」になります。プロジェクトメンバーは、変革の考え方である「変革のプロセス」を理解しておく必要があります。

ドイツの「社会心理学の父」とも呼ばれる社会心理学者クルト・レヴィンによると、変革のプロセスには3つのステップがあると言います（次ページの図4－3参照）。

図4-3　クルト・レヴィンによる「変革のプロセス」

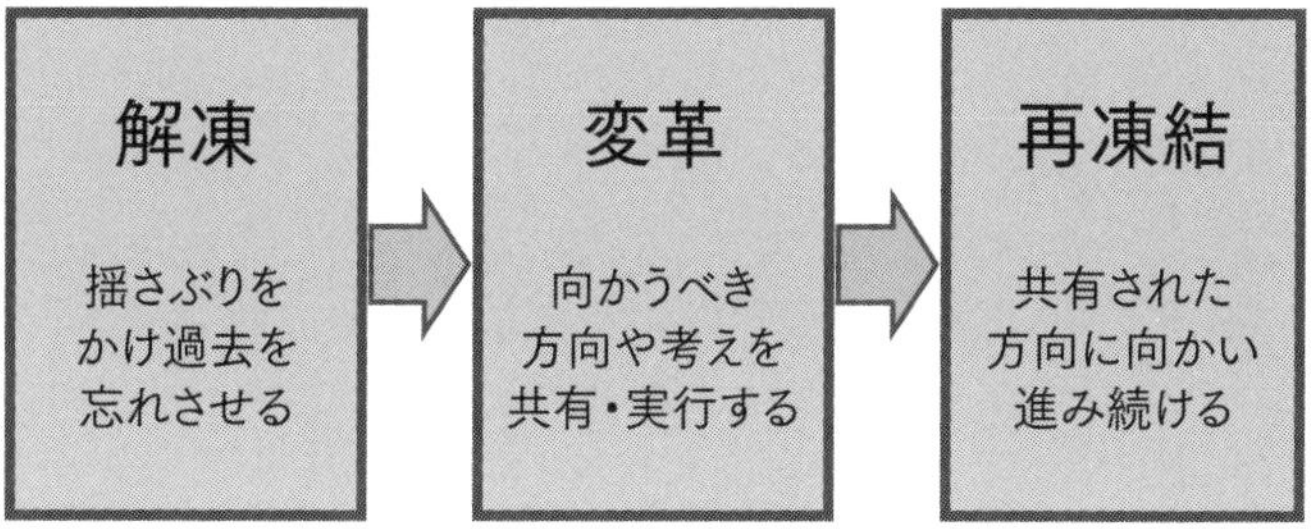

1つ目のステップは**「解凍」**です。

組織を変革するために、既存の価値観や伝統、方法論などの組織文化を破壊して、新たな組織文化づくりの準備を行うフェーズです。このフェーズでは、現状維持を願う抑止力、つまり抵抗も同時に強く働くため、その対処に十分気をつける必要があります。

2つ目のステップは、**「変革」**です。1つ目のステップである「解凍」によって変革の必要性が社内で共有されると、新たな行動や考え方の導入、様々な改革プランの実行、プロジェクトが率先垂範で実行されていきます。

変革へのモチベーションが全社的に高いうちに、次のプロセスである「変革」に移行しなければ、せっかくの全社一丸となった変革のチャンスを逃してしまいます。

最後に3つ目のステップである**「再凍結」**を行います。

ここでは、2つ目の「変革」に向かった状態を「再凍結」し、全員が共有された方向に向かって進み続ける、つまり習慣化していきます。ここまで「解凍」「変革」と進めてきた成果が徐々に出てくることで、従業員の変革意識も定着していき、継続的な改善サイクルを確立していきます。

以上の3つのプロセスを何度も回し続けることで企業は変革していきます。

これまで安定しているものを破壊することは、非常に勇気がいることでしょう。それでも、「必ずDXは成功する」という覚悟を持って変革の3ステップを実践し続けることで、周囲もいつの間にか巻き込まれ、成功に近づいていきます。

全社員を巻き込む配慮を怠らない

プロジェクトは、全社員を代表して推進します。絶対に忘れてはいけないのは、**周りを巻き込む配慮**です。プロジェクトの活動状況は常にガラス張りにし、何をしているのかを全社員に能動的に発信するよう気を配ることをおすすめします。

私がリーダーとしてDXを推進していたときは、85ページで紹介したように、数年先の変革後の会社の姿や業務を映像化しました。またその映像を配ることで、より多くのグループ社員にプロジェクトの方向性を理解してもらう努力を重ねたほか、打合せの議事録に誰でもアクセスできるようにするなど、オープンなプロジェクト運営も心掛けました。そのうえで、現場の声を聴く努力をしていました。

その甲斐あってか、日を追うごとに協力してくれる人が増えたことを、今でも鮮明に覚えています。

自社だけでなく、積極的に取引先なども巻き込んでいくことで、そのプロジェクトはより大きく、強固になっていきます。実行に移すことはなかなか大変ですが、成功したときに一緒に喜べる人が増え、楽しみも増えると考えるようにしましょう。

抵抗勢力と折り合いをつける2つの方法とは

DXを推進する過程では、必ず抵抗勢力が生まれます。「なぜ? 会社のためにやっているのに」と思う方もいると思いますが、とくにDXは企業を変革する意味合いも強いため、抵抗勢力を生みやすいのです。

そもそも組織は変革を好みません。45ページでも述べたように、成功体験を持った組織ほど、その抵抗は大きいものになります。加えて、アナログからデジタルに変わるという今の時代が求める意識転換は、多くの人を不安にさせており、その分、抵抗も激しくなります。それは、やがてプロジェクトが進むとともに、大きな抵抗勢力となり、プロジェクトの前に立ちはだかってくるのです。

私もDXを推進する過程で、ずいぶんと悩まされました。抵抗勢力には、自分より年齢も役職も上の人がなるケースが多いからです。

その理由は、「もしプロジェクトが成功した場合、自分たちの地位が脅かされる」「デジタル化された場合、自分はついていけない」などといった不安の気持ちでした。この不安な気持ちが、抵抗勢力を生み出してしまうのです。

しかし、逃げてはいけません。
私は、大きく2つの方法で、このような抵抗勢力との折り合いをつけていきました。

1 徹底したコミュニケーション

私は決定権がある人の集まる場で報告をして、その場で承認を得るという方法を取りました。人は、決定の場に自分が参加していれば満足し、反対意見を言わなくなります。また抵抗勢力で一番影響力がある人と、個別で毎日のように話をすることも効果的です。定期的に相談し、意見を求め、その意見を取り込むことで、一番の応援者になってくれます。

2 プロジェクト責任者である経営者から話をしてもらう

これは、最終手段として置いておくことをおすすめします。早い段階で使うとかえって恨みを買うことになるので、「ここぞ」というとき以外は使わないほうがいいでしょう。

いずれにしても、抵抗勢力は必ず生まれてきます。それを前提とした対処方法を事前に準備しておくと、プロジェクトはスムーズに進みやすくなります。

「業務改革」と「システム構築」はDXにおける両輪

プロジェクトの目的と目標を設定することから始め、全社員への配慮、抵抗勢力への対応準備ができたら、いよいよ具体的な作業に入ります。

これから行う作業は大きく2つあります。業務改革に関わる作業と、システム構築に関わる作業です。この2つはDXにおける両輪であり、どちらも欠かすことはできません。

DXは、**「DX＝業務改革×システム構築」**とも表現することができます。仮に全く業務を変えない場合、業務改革は「0」であり、システム構築を「100」実施しても、DXは「0×100＝0」、すなわち全く成果が得られないのです。逆に、業務改革をしても、システムを何も変えなければ「100×0＝0」となり、同じく全く成果が得られません。

DXを適切に進めるためには、業務改革とシステム構築を並行して進めていく必要があります。デジタル推進プロジェクト内でも、それぞれを2つのチームに分けたうえでリーダーを任命すると、スムーズに進めることができます。詳しくは、業務改革については次章で、システム構築については第6章でお伝えします。

第5章

未来を見据えた業務改革を進める

過去にこだわるものは、未来を失う。
ウィンストン・チャーチル（政治家、軍人、作家）

「業務改革」こそDXの真髄である

業務改善ではなく業務改革を目指す

経営者が決意し、推進体制が整ったら、次のステップは「未来を想像し、業務を改革する」です。

DXに取り組んでいながら、なかなか期待した成果が出ずに悩んでいる企業が増えています。その多くは、DX＝システム導入のことだと勘違いし、現状の業務を大きく変えずにシステム化してしまっていることに原因があります。

従来の延長線上で業務を見直すことを「業務改善」、ゼロからあるべき業務を目指すことを「業務改革」とする場合、**DXでは「業務改革」のほうを目指す必要があります。**

では、業務改善と業務改革の違いは何なのでしょうか？

まず「業務改善」は、過去の延長線上にある思考になります。部門や個人の視点から、身近な課題を解決していきます。敷かれたレールの壊れた個所を修繕していくイメージで、

図5-1　業務改善と業務改革の違い

	業務改善
イメージ	
思考	過去の延長線上の思考
視点	部門や個人での視点

	業務改革
イメージ	
思考	未来の新天地を目指す思考
視点	マーケットや全社での視点

リスクは小さいですが、得られる成果もあまり大きくありません。

対して**「業務改革」は、過去に囚われず、未来のあるべき姿を目指します。**マーケットや全社の視点で、ゼロからビジネスを再構築していくのが特徴です。前ページの図5－1にあるように、ロケットで未開の新天地を目指すイメージで、リスクは大きいですが、そのぶん大きな成果を期待できます。

現在、デジタル化が加速して、マーケット全体が大きく変わろうとしています。この流れに乗り遅れないためには、業務改善ではなく、業務改革を目指すべきです。

業務改革こそ、DXの真髄と言えるのです。

周囲を「事実と論理」で説得して理解を求める

業務改革を進める場合、周囲に理解してもらうことが一番の難関です。

第4章でもお伝えした通り、改革を行おうとすると、慣れ親しんできた習慣を変えることに嫌悪感を示す人が出てきます。「安定を求める心理」が邪魔をするわけです。とくに、自分が理解できる業務改善は歓迎しますが、将来のマーケットの変化など、自分にとって身近ではない課題を解決する業務改革は、なるべく避けようとします。「自分が理解できる範囲を超えているかどうか」が基準になってしまっているのです。

私たちが企業を支援する際も、そうした対応を目にすることがあります。最初は「DXは時代の流れですよね」と理解を示してくれたとしても、いざ自分の業務内容が変わるとなると、態度が一変します。「この仕事は必要なもので、今まで多くの成果を出してきました」と、変わることを恐れて理由を説明し始めるのです。

この状況を打破するには、どうすればいいのでしょうか。

業務改革を進めていくためには、周りの人々を「事実と論理」で説得し、理解してもらうことが有効です。具体的には、**全社視点で現在の業務をガラス張り化し、課題に対し、優先順位をつけて解決していきます。**それだと時間がかかると考える方も多いと思いますが、経験上、最終的にはこれが一番の近道で、継続的な業務改革を可能とします。

英国元首相のウィンストン・チャーチルの言葉に、「過去にこだわるものは、未来を失う」というものがあります。未来を失わないためにも、まさに、過去にこだわらずに行動することが大切なのです。

業務フロー図を作成し、業務をガラス張りにする

業務改革は、まず、現在の仕事をガラス張りにして、会社全体の仕事を明確にすること

から始めます。その手段として、業務フロー図に表現するのが有効です（業務フロー図についてては、次節で詳しく説明します）。

業務フロー図を描き進めていくと、次のような色々な課題に気づくことができます。

▽複数の部署で重複仕事が発生している
▽部署間の責任が不明確である
▽情報がうまく伝わっておらず、何度も同じ説明をしてしまっている
▽ルーティンワークでも、人によってやり方が違っている
▽部署ごとにシステムが導入されていながら、十分活用しきれていない

とくに、ある程度できあがった時点で全体を見渡すと、他部署のことはほとんど知らないことに気づかされるはずです。

企業は長い歴史の中で、部署ごとに業務改善をくり返しています。その結果、部分最適となってしまい、全体で見ると生産性を落としてしまうというパラドックス（逆説的現象）に陥ってしまっています。

それを防ぐ意味でも、業務フロー図を作成したら、全社視点で今ある業務を俯瞰するこ

とが有効です。皆さんが考える以上に、大きな効果をもたらすことをお約束します。

全体を俯瞰して、課題を整理し解決する

業務フロー図を描き、全社視点で現状の業務を理解したら、課題の洗い出しとなります。課題には、前ページにも書いたように、属人化、コミュニケーション不足、仕事が標準化されていないことなど色々あると思いますが、全社視点で業務を捉え直すと、どんどん発見することができます。

課題を洗い出した後、それぞれの原因を追究しながら、課題の整理をしていきます。

ここで気をつけることは、**個人や所属部門のみの視点にならないように意識すること**です。全体の視点で見ていくと、一つの原因が複数の課題を発生させていることがあります。私の経験では、不明確な役割、属人的なマネジメント、情報共有による業務の重なりなどが原因になることが多いように感じます。

次に、整理された課題の優先順位を決めていくのですが、ここでは、課題の緊急度、重要度をベースに考えていきます。

課題の優先順位の決定は、会社への貢献度の高いものを優先します。なぜかというと、貢献度の高いものから着手したほうが、課題解決が早くなるうえ、将来的なものも含めて

目的地にすばやく向かうことができるからです。

このようなことは誰もが理解しているはずですが、実際には貢献度を無視して、根拠なく貢献度の低い課題に取り組んでしまうことも珍しくありません。「昔からやっているから」という理由で、貢献度の低い課題に時間と労力を費やしてしまい、目的が達成されないケースも多くあるのではないでしょうか？

課題が整理され、対処すべき優先順位が明確になったら、最後に解決していきます。

解決方法は3つあり、**①課題に該当する業務をやめる、②アナログな手法で解決する、③システムで解決する、の順番で取り組んでいきます。**すると、早期に課題解決を図ることができるのと同時に、投資対効果の高いDXを実現することができます。

業務改革は、会社の将来を担う人材を育成する

業務改革を進めていくと、目的である業務改革以上に得られる効果があります。

それは、「人材育成」です。

業務改革とは、ここまでお伝えしてきたように、業務をガラス張りにして本質的な原因を究明し、解決を図ることです。プロジェクトメンバーを中心として、社内の多くの人々

の参加を促し、オープンな議論を交わし、互いの理解を深めていきます。

この一連のプロセスを経験することにより、プロジェクトメンバーは、全社を意識した発言や行動を行うようになります。彼らの成長とともにＤＸは大きく前進し、一人ひとりが会社の未来を担う人材へと変わっていることでしょう。この変化が、未来を見据えた業務改革につながっていくのです。

「業務フロー図」で業務をガラス張りにする

業務フロー図作成の準備

ここからは、具体的な業務フロー図の描き方についてお伝えします。116ページの図5－2のように、横軸に部署・担当者を、縦軸に時系列を置き、図上に業務の流れを表します。

業務フロー図を作成する目的は、**「社内の共通プロセスをつくること」**です。そのためには事前に、対象となる業務の明確化、業務フローを作成する手順の整備が必要になります。確固たるルールに基づいて業務フロー図を作成することができれば、現状の業務の問題点とその解決策も、容易に可視化できます。

業務フロー図の「対象業務」を明確にする

まずは、今ある業務を明確にします。多くの場合、業務フロー図を作成する目的さえはっきりしていれば、対象となる業務も明確になります。業務を洗い出したら、各業務の担当者にヒアリングをしたうえで、業務フロー図を作成していきます。

小売業の場合であれば、発注・販売・棚卸などに大きく業務を分け、そのうえで、各担当者にヒアリングを行います。このときに重要なのは、**一つの業務フロー図の作成対象範囲を広げすぎないこと**です。対象範囲が広すぎると、業務フロー図そのものが複雑になり、どこに何が書いてあるのかわからなくなってしまうからです。

業務フロー図を作成するうえでは、業務フロー図の作成方針をしっかりと決めたうえで、フォーマットを統一することも大切です。

たとえば、横軸に書く担当者を揃えることや、業務フロー図に使うアイコンを揃える、といったことです。各業務の担当者がそれぞれ別のフォーマットで業務フロー図を作成してしまうと、担当者にしか理解できないフロー図が完成してしまいます。

また、その業務フロー図をベースに業務を行ってしまうと、担当者が各々の解釈で進めてしまうため、業務の標準化も図れません。結果として、業務フロー図作成の目的である「社内の共通プロセスをつくること」が達成できなくなってしまうのです。

更新日：2021年〇月×日　更新者：鈴木

業務部			業務事務部		間接部門		システム部		外部	
マネジャー	主任	担当	業務事務①	業務事務②	経理	総務	フロントシステム	バックシステム	弁護士	税理士

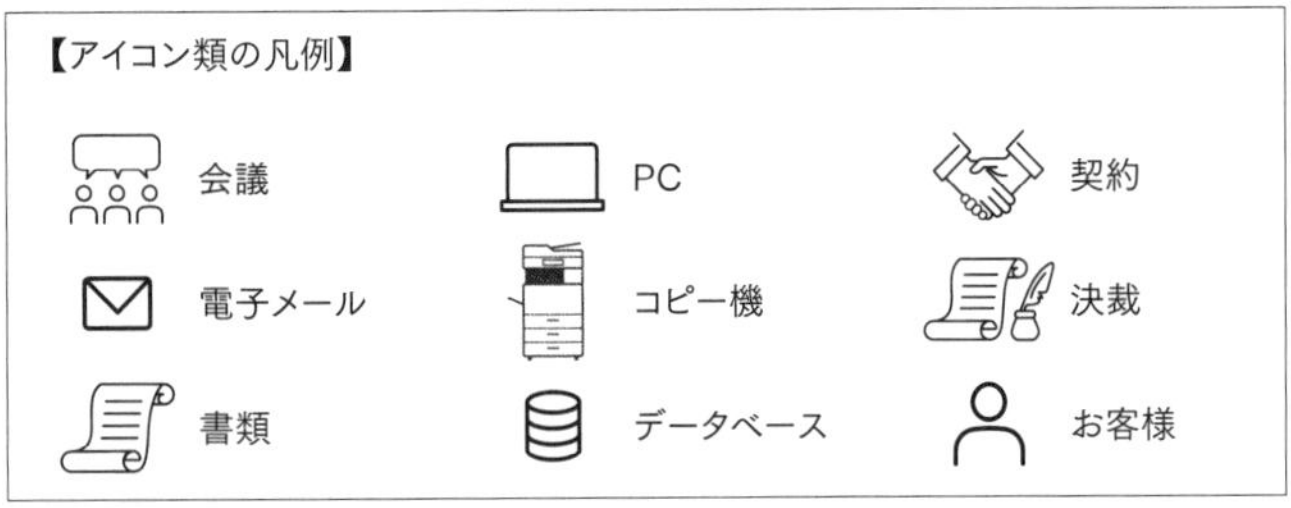

図5-2　業務フロー図の描き方

業務の部署・担当者（左からお客様に近い順に並べる）

時系列

フロー：01 営業業務（リード獲得～提案）

顧客接点					営業部	作業員部門	経営層	業務部
お客様	紹介	HP	イベント	コールセンター	営業	作業員	代表	部長

■業務フロー凡例ルール

【吹き出しの凡例】

課題について記載

経営層の動きについて記載

業務について記載

利用システムについて記載

担当者にヒアリングする前に「仮案」を作成する

業務フロー図の方針を決め、フォーマットを作ったら、いよいよ各業務の担当者にヒアリングを行います。

しかし、いきなり担当者を集めて白紙のフォーマットをベースにヒアリングを始めても、意味がありません。白紙のフォーマットを見せられると、多くの人は何から話したらいいかわからず、情報を正しくヒアリングできないからです。

まずは頭の中で対象となる業務を理解し、仮案を作成したうえでヒアリングを行います。仮案は、想像で作って問題ありません。また、精緻なものである必要も全くないです。一般的な営業フローや販促フロー、店舗業務フローなどをベースに作っていきます。そして、担当者へのヒアリングが始まる前までに、対象となる業務に関する情報を反映させます。

具体的には、横軸に並ぶ部署や担当者をカスタマイズし、特徴的な業務があるようであれば、それを反映するようにします。あくまで「想像での仮案」なので、担当者と話をするためのレジュメを作成するイメージです。

この「仮案」があることで、実際の業務をイメージしやすくなります。

また、ヒアリング対象者も、自分の業務イメージと、示された仮案との差異を指摘していけばいいため、スムーズに対応することができます。

担当者へのヒアリングの進め方

担当者にヒアリングを行う際には、２つコツがあります。

１つは、課題をヒアリングするときに、担当者の課題のみならず、**他部署や上司・部下の課題など全てを聞く**ということです。

ヒアリングの目的は、業務の精査ではありません。現状業務における課題を洗い出すことです。最初の段階では、課題は大きなものから小さなものまで全てヒアリングをして、作成している業務フロー図に書き込んでいきます。（次ページの図５－３参照）。

この作業をくり返すことにより、業務フロー図の作成を通じて、自社の現状業務と課題を洗い出すことができます。

もう一つは、**相手が話しやすい雰囲気をつくる**ことです。

ヒアリングを受ける側は、何を話したらいいのかわからずに迷っている可能性があるからです。その迷いを解いて、話しやすい雰囲気をつくることを意識します。

また、人によっては、ヒアリングすることで自身の仕事がなくなってしまうのではない

更新日：2021年〇月×日　更新者：鈴木

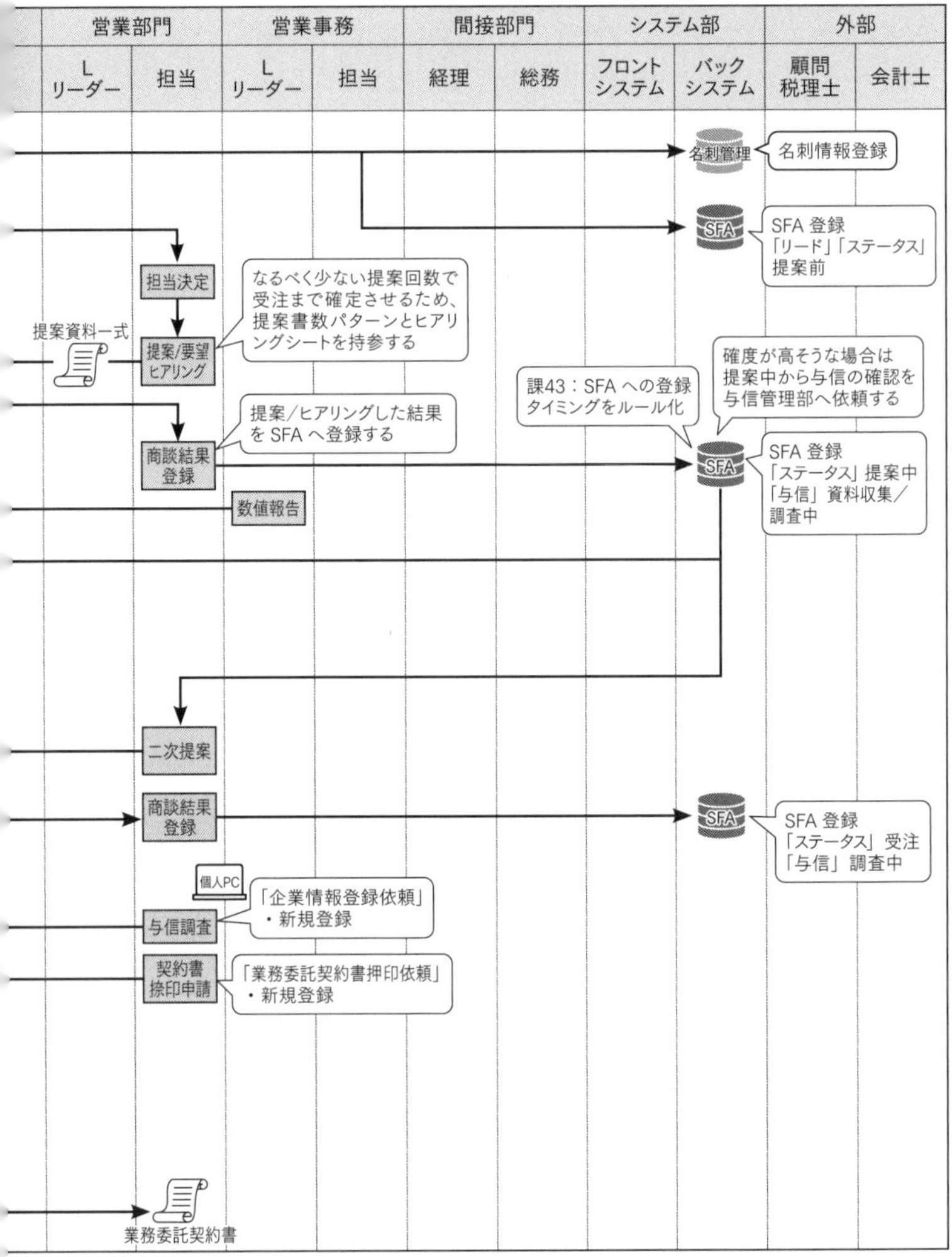
営業部門
Lリーダー
担当
営業事務
Lリーダー
担当
間接部門
経理
総務
システム部
フロントシステム
バックシステム
外部
顧問税理士
会計士
名刺管理
名刺情報登録
SFA
SFA 登録
「リード」「ステータス」
提案前
担当決定
なるべく少ない提案回数で受注まで確定させるため、提案書数パターンとヒアリングシートを持参する
提案資料一式
提案/要望ヒアリング
確度が高そうな場合は提案中から与信の確認を与信管理部へ依頼する
課43：SFA への登録タイミングをルール化
提案/ヒアリングした結果をSFA へ登録する
商談結果登録
SFA 登録
「ステータス」提案中
「与信」資料収集/調査中
数値報告
二次提案
商談結果登録
SFA 登録
「ステータス」受注
「与信」調査中
個人PC
「企業情報登録依頼」
・新規登録
与信調査
契約書捺印申請
「業務委託契約書押印依頼」
・新規登録
業務委託契約書

図5-3　業務フロー図のイメージ

基本営業業務（提案フェーズ～契約フェーズ）

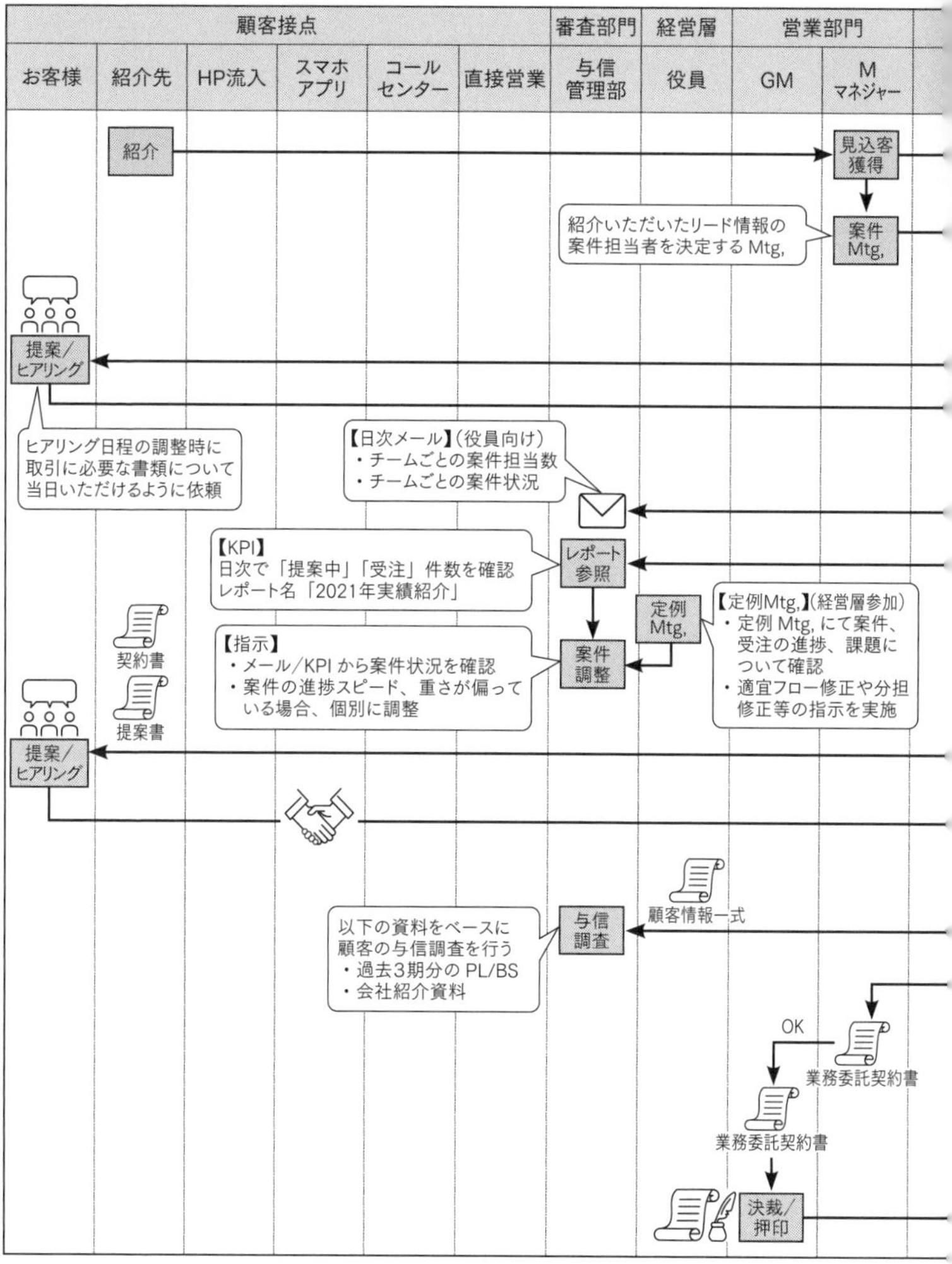

かと不安を感じているかもしれません。ヒアリングに対して協力的ではない場合もあります。そこで、業務フロー図のメリットを丁寧に伝えることが欠かせません。

業務フロー図は、決して誰かの業務を奪うものではありません。業務を整理し、よりよい環境を整備していくためのツールです。**業務のブラックボックス化を解消し、会社全体で業務を平準化したり、属人化のリスクを排除したりするメリットがあります。**

業務フロー図は仕事を奪うものではなく、むしろ成長のチャンスになるというプラスの要素を意識して伝えながらヒアリングを行っていきます。そうすることで、業務の詳細を細かく聞くことができ、話もスムーズに進みやすくなります。

対象者から様々な課題をヒアリングし、業務フロー図に書き留めたら、現状業務のガラス張り化の完了となります。

全体を俯瞰して、課題を整理し解決する

課題を整理する4つのプロセス

業務フロー図が完成し、業務の流れと課題が明確になったら、課題を整理します。やり方ですが、次ページにある図5－4のように、類似の課題をグルーピング化していきます。ここで言うグルーピングとは、一覧表の大分類に相当します。

さらに、グループ（大分類）を、原因を意識しながら分類化していきます。この分類は一覧表の中・小分類に相当します。

これらの作業は、業務フロー図をもとに、全体を俯瞰しつつ、根本原因を探りながら行うことが大切です。業務フロー図を見ず、課題だけを見ていると、原因追究も解決も表面的なものになってしまいます。まさに「木を見て森を見ず」といった状態です。森の中で近くの木の美しさや老木の切なさに心を奪われていると、森や山全体のよさや問題点がわからなくなるものです。

図5-4　課題を整理するプロセス

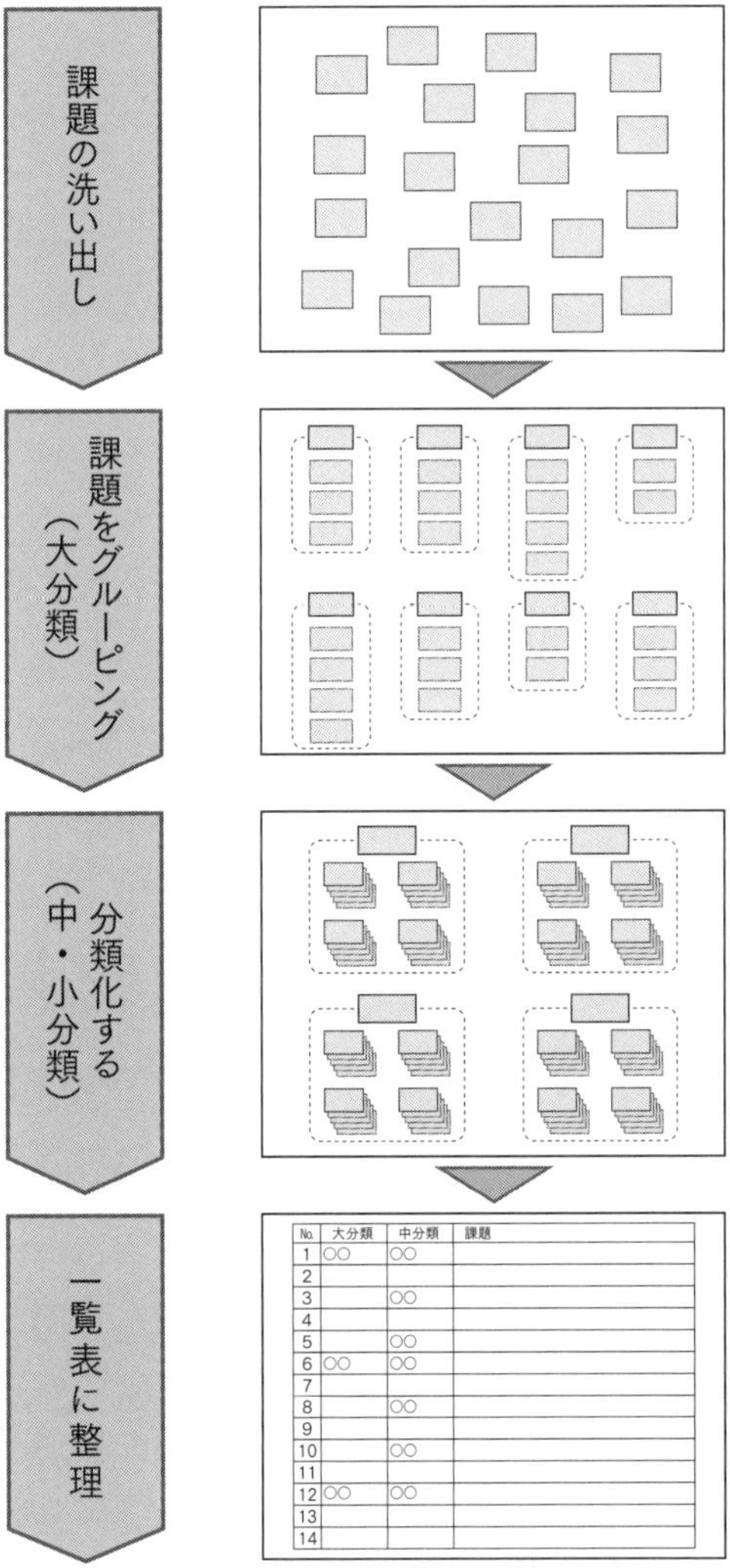

実際にあるクライアントで課題を整理したとき、ある部署の生産性が低いという課題が浮かびました。その原因を表面的に探ると、部署の人員不足や能力不足という結論になってしまいます。

しかし、業務フロー図全体を見て、グルーピングを慎重に行った結果、そうではないことがわかりました。他部署との情報共有がスムーズでないことで、重複仕事が発生し、生産性が低くなっていたのです。

このように、慎重に課題を精査していくと、表面上には見えてこない原因が見つかりやすくなります。

課題を「優先度」で整理する

全体を俯瞰したうえで課題を整理できたら、次にそれらの課題を、「緊急度・重要度のマトリクス」に分類していきます。

ご存じの方も多いと思いますが、「緊急度・重要度のマトリクス」は、優先順位をつける際のフレームワークで、米国のスティーブン・R・コヴィー氏が著書『7つの習慣』（キングベアー出版）で紹介しているものです。次ページの図5－5のように、横軸に緊急度、縦軸に重要度でマトリクスを形成し、2つの評価軸を用いて優先順位を決めます。

図5-5　緊急度・重要度のマトリクス

	緊急度	
重要度	緊急	緊急ではない
重要	第Ⅰ領域 緊急かつ重要 （必須）	第Ⅱ領域 緊急ではないが重要 （価値）
重要ではない	第Ⅲ領域 緊急だが重要ではない （錯覚）	第Ⅳ領域 緊急でも重要でもない （無駄）

また緊急度・重要度のマトリクスは、第Ⅰ〜第Ⅳの4つの領域に分かれています。整理した課題をこの4つの領域に振り分け、優先順位を決めていきます。各々の領域の意味、課題の整理について、より深掘りしていきましょう。

第Ⅰ領域　緊急かつ重要

最も優先順位が高い課題になります。

クライアントからクレームがあったときの対応はここに該当します。対応スピードが大事で、遅れてしまうと満足度が低下し、利益の損失になります。ないがしろにしてしまうと、大きな損失につながります。逆に考えると、大きな損失にならない課題は、この第Ⅰ領域に入らないということになります。

第Ⅱ領域　緊急ではないが重要

2番目に優先度が高く、大事にしたい課題になります。

たとえば、企業の戦略を検討したり、インプットしたりする時間がここに該当します。短期的な利益は見込めなくても、長期的には大きな利益につながる課題はこちらに振り分けられます。緊急度を伴ってないため、多くの人は後回しにしてしまいがちですが、未来に向けた大きな投資になるので、意識して優先度を高めることが大切です。

第Ⅲ領域　緊急だが重要ではない

3番目に優先度の高い課題となります。

クライアントが関係する報告業務などが該当します。クライアントが入っている以上は対応する必要がありますが、利益に直結するわけではないので、重要な仕事ではないでしょう。ここに該当する課題は、単純化し、効率よく解決できる方法を考えていきます。

第Ⅳ領域　緊急でも重要でもない

最も優先順位が低い課題です。最後に取り組んでも問題ありません。社内報告業務や情報共有など、職場内で完結する課題がここに該当します。

ここに振り分けられる課題は、クライアントに被害が及ぶ危険性はないので、後回しにしていい課題になります。基本的には、思い切って削減することも検討していきます。

このように、緊急度・重要度のマトリクスを活用して課題の整理をしていくと、課題解決の優先順位が明確になります。課題解決の優先順位は、第Ⅰ、第Ⅱ領域の重要なことを優先させ、第Ⅲ、第Ⅳ領域は、後回しや削減といった対応をしていきます。

課題を解決する3つの方法

課題解決のための優先順位が整理できたら、次にその課題を解決する方法を探ります。課題の解決には、大きく分けて3つの方法があります。

1 該当する業務をやめる

まず考えるのは、課題となっている業務をやめる方法です。仕事をしている限り、業務は延々と増えていきます。かつては必要だったとしても、今は必要なくなっている業務は思っている以上にあるものです。昔からの慣習で続けている業務であっても、これを機に本当に必要かどうかを検証し、やめても困らない場合は、積極的に捨ててしまいましょう。

2 アナログな手法で解決する

次に考えるのは、アナログで解決する方法です。部署間の役割や上下間の権限などにより発生する課題は、部署間の役割を見直したり、権限移譲を進めたりすることで、時間をかけずに効率化できます。人に関する課題はアナログな手法で解決されることが多いということを覚えておきましょう。

3 システムの力を借りて解決する

最後に考えるのは、システムの力を借りて解決する方法です。明確にルール化されたり、パターン化されたりしている業務をシステム化すると、劇的に生産性が向上します。該当する業務を積極的に見つけ出し、システム化していくことを考えましょう。

この3つの解決方法は、1〜3の順番で取り組んでいきます。すると、早期に課題が解決できると同時に、投資対効果の高いDXの実現が可能となります。

業務改革をプロセス化して組織に定着させる

ここまで、業務フロー図により業務をガラス張り化し、課題を整理して優先順位をつけたうえで解決する方法をお話ししてきました。この一連のプロセス（過程）を「業務改革プロセス」と言います（次ページの図5－6参照）。

私たちの仕事は、思っている以上に属人的な部分が多くなりがちです。もちろん企業に

図5-6 「業務改革プロセス」の位置づけ

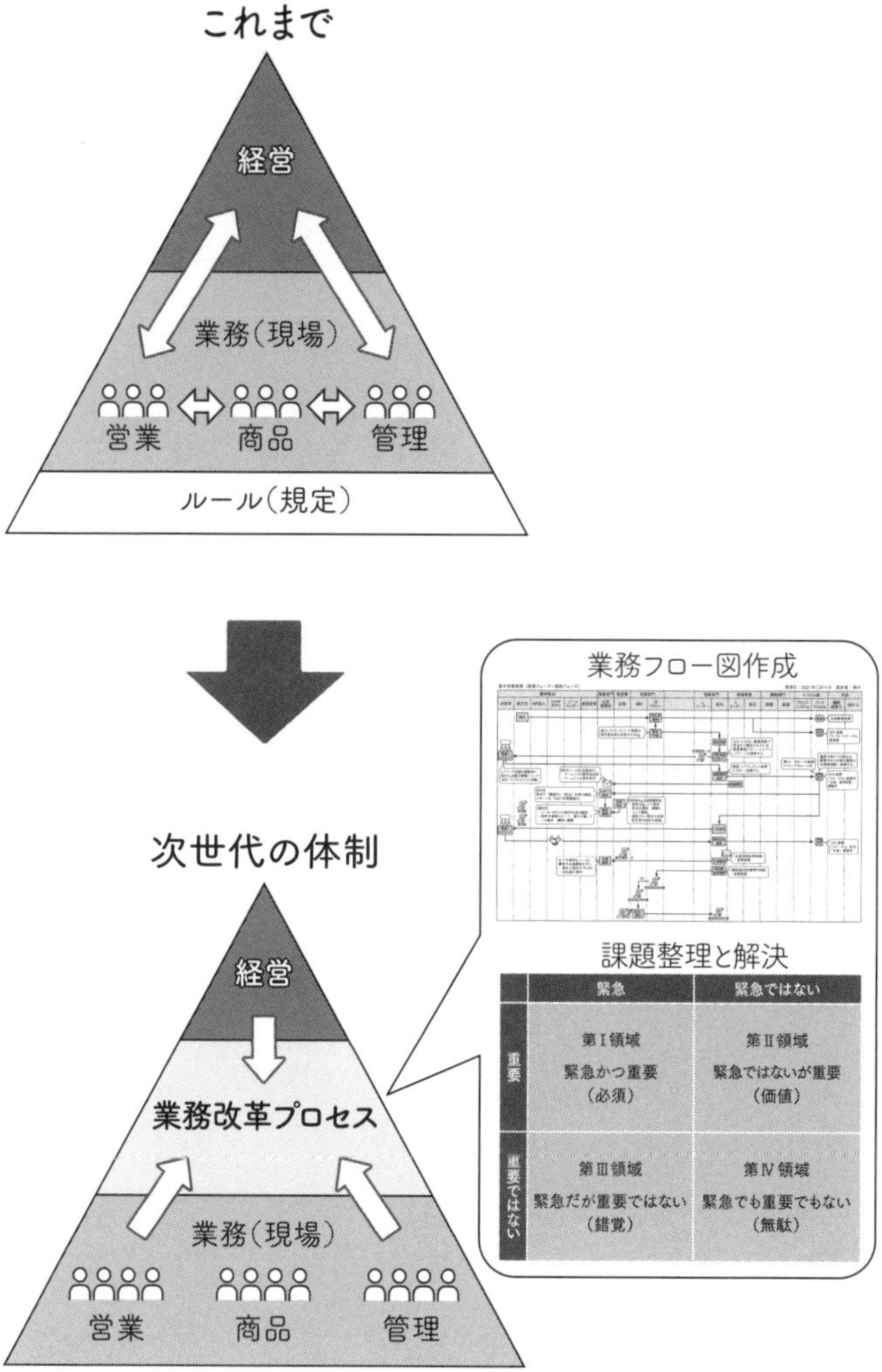

は「ルール」があります。人事規定、経理規定、稟議規定などのルールです。

しかし実際は、「やってはいけないことを定めたルール」が多いのが実情です。意思決定や、ルーティンワークと言われる業務でさえ、人間の判断で進んでいることが多いのです。このままでは、属人的であるがゆえに、デジタル化することはとても困難です。

DX実現のためには、「業務改革プロセス」を会社の中核に位置づけることが欠かせません。**新しいアイデアや改善したいことがあれば、この業務改革プロセスを使うことで、誰もが正しい業務改革を継続的に進めることができます。**立場や声の大きさなどに惑わされることもありません。

また、ルール化された「業務改革プロセス」は、システム化が容易であり、システム構築の費用を抑えることにもつながります。「業務改革プロセス」を組織に定着させ、習慣化していくことで、多くの人々を巻き込み、継続的に業務改革を前進させることができるでしょう。

第6章

自社でシステムをコントロールする

実際、誰もあてにしてはならないのです。他人任せにせず、自分自身の手でやってのける以上にいい仕事をする方法はありません。

ロマン・ロラン（作家）

システムは「所有するもの」から「利用するもの」へ

システムを自社でコントロールする

業務改革が進み始めたら、次のステップは、「自社でシステムをうまくコントロールすること」です。ここで言うシステムとは、DXを実現するために必要なITシステムの導入や開発を指します。

システムというと、外部業者がメンテナンスを行うもので、社内ではシステム部の人たちだけが知りうる専門的なものだと思っている人も多いかもしれません。

そのようなものを、なぜわざわざ自社でコントロールする必要があるのでしょうか？

それは、DXを進めるうえでも、私たちの生活においても、システムの重要性が年々高まっていることに関係しています。

システムは、今や私たちの生活を支える社会インフラとなりました。大規模なシステムトラブルが発生すれば、一大事です。様々な電子取引や交通機関は麻痺し、携帯電話などの連絡手段も遮断され、私たちの生活が完全にストップしてしまう可能性があります。

さらに今後、自動運転の普及やＡＩの積極活用が進むと、ますますその重要性は高まっていくでしょう。システムは、私たちの日常生活はもちろん、企業活動の根幹となり、経営をも決定づける重要な要素となっています。

システムがそのような重要な要素となっているからこそ、他人に任せるのではなく、自分たちで積極的に管理し、効率よく使っていこうというのが私の提案です。

しかし、日本の経営者の多くは、システムについて理解しているとは言いづらいのが現状です。数十年前と今を比べても、その知識にあまり進展は見られません。「システムは担当部署に任せている」「自社システムはブラックボックス化してわからない」と平気で口にする経営者もいます。これでは、自社でシステムをコントロールし、ＤＸを成功に導くなど、夢のまた夢です。

なぜ、このような状況になってしまったのでしょうか。

システムの歴史を少し紐解きながら説明していきます。そのうえで、自社でシステムをコントロールし、ＤＸを成功に導く具体的な方法をお伝えします。

世界から遅れてしまった日本のシステム

世界を見渡すと、日本はとても特殊な状況と言えます。

1970年代、世界にパソコンが登場しました。日本でもワープロが開発され、各種システムが企業に導入され始めます。1980年代には、多くの企業でも導入を開始。当時のシステムは全て、数千万円から数億円する汎用機システムであり、中央の汎用機で処理を行う〝中央集中型〟でした。会計システムをはじめとする管理部門の定型業務の効率化を目指して導入が進み始めます。

1990年代中盤からは、パソコンの性能向上により、クライアント・サーバーの時代に入ります。クライアント・サーバーとは、中央のコンピュータ（サーバー）と、それを利用するコンピュータがネットワークでつながっており、分散して処理されるシステムのことです。これにより、個人のパソコン上でも表計算や文書の作成が可能になりました。

そして1990年代後半になると、ERP（Enterprise Resources Planning）ソフトが登場します。これは、部門ごとに点在したデータを一個所に集めることを目的としたシステムです。ERPシステムは会計・営業・購買・物流などの業務ごとに標準化されています。世界では、将来的な機能の追加などを加味して、「ソフトに合わせて業務を変える」

改革を実行。業務をシステムに適用する取り組みが進みました。

一方、日本では、少し特殊なERPシステムの導入が進みました。世界のように、ソフトに合わせて業務を変えるのではなく、多くの企業が「今の業務をどうシステム化」するかという発想でシステムを導入し、大幅なカスタマイズを加えてしまったのです。

その要因として、日本の組織では、業務を変えることへの抵抗感が強かったことと、システム会社が自社の収益が上がるカスタマイズを提案したことの2つが挙げられます。

いずれにせよ、ソフトをカスタマイズするという手法をとった結果、日本では、固定化された古いシステムが多く残ってしまいました。これは同時に、**業務内容を見直さないまま進化を止めてしまうという、大きな課題を抱えることを意味します。**

2000年代に入ると、ビジネスにおいてインターネットが活用され始めます。先ほどのシステムとは別に、ホームページやEC（ネットショップ）などが構築されるようになったのです。

やがて2010年代に入り、クラウドシステムの利用を検討する企業が増えてきました。SaaS《サース》という言葉を耳にした経験のある人も多いのではないでしょうか。「SaaS」とは「Software as a Service」の略で、クラウドで提供される業務クラウドサービスのことを指します。

ほかにも色々な種類がありますが、要は**クラウドとは、様々な企業がソフトウェアを共有して使えるサービス**を指します。グループウェアであれば、Office365やGoogle Workspaceのように標準化された業務を、インターネットを介して皆で使い、メールやスケジュール、掲示板など、システムを自社で保有せずに利用することができます。

必要なときに必要な分だけ使えるため、クラウドに切り替えることでシステムコストが下がり、定期的にバージョンアップされる様々な新しい機能が利用可能になります。

また、最近では、「2025年の崖」を問題視する企業も増えてきました。

これは、2025年には多くの日本企業のシステムが機能不全に陥る危険性があると指摘されている問題です。2025年までに想定される既存システムのサポート終了や、IT人材の引退などがこの停滞を引き起こすと予想されています。

2021年現在、クラウドシステムの利用が急速に進む一方で、多くの日本企業が、古いシステムを抱えていることが露呈しました。同時に、業務の改革が進んでいない実態が明らかになったのです。

しかし、クラウドシステムの利用が進むことで、世界から後れを取っていたシステムや業務が一気に追いつく可能性も出てきました。これはむしろよかったと思います。

クラウドの登場でシステムコストが激減した

クラウドシステムの利用が進んだことで、これからは「クラウドシステムに自社の業務をどう適用させるか」という発想で汎用システムを利用していく必要があります。

これまでのシステム導入は「所有すること」を前提としていたため、自社でハードウェアを導入したり、リソースを調達したりする必要があり、多大なコストを要しました。

一方、これからのシステム導入は「利用する」時代です（次ページの図6－1参照）。

クラウドシステムを活用すれば、コストも開発期間も、ケタ違いに小さくなります。**システムは、「自社で所有するもの」から、「好きなときに、自由に利用するもの」に変わった**と言えます。

昔は水を手に入れるのに、自分の庭に井戸を掘っていたのが、今はネットワークに蛇口をつければ水が出るようなものです。幕末の頃、ヨーロッパを旅した武士たちが蛇口から水が出るのに驚き、蛇口を買い込んで帰国したという笑うに笑えない逸話がありますが、今はまさに、蛇口さえあれば十分なのです。

従来、システムを構築するときには、情報システム部門が現場に要件をヒアリングして

図6-1　システム開発とシステムプロデュース

	システム開発
イメージ	
思考	独自思考
構築	スクラッチ開発（所有）
アプローチ	現場からの要件ヒアリング

	システムプロデュース
イメージ	
思考	共創思考
構築	クラウド利用（利用）
アプローチ	現場への共創業務提案

システムを開発していましたが、その風景も大きく変わっていくと思います。これからはシステム構築のやり方も、「開発」から「プロデュース」へと進化を遂げるでしょう。

企業側も、クラウドシステムの導入を前提として、「社内の業務をどう変えていくか」という発想に変わっていくはずです。

ITマネジメントをチームで実施する

システムが「所有するもの」から「利用するもの」に変わったことにより、今までのシステム構築の考え方は180度転換することを余儀なくされました。同時に、自社の情報システム部門や利用しているシステムベンダーの仕事も見直す必要があります。

DXを目指す企業には、このタイミングで、自社でITマネジメントを確立することをおすすめしています。システムを自社でコントロールできないと、今後、デジタル化で致命的な後れを取ってしまうほか、費用面でもコストがかさむ可能性があるからです。これは、企業にとってマイナスであることは明白です。

自社でITマネジメントを確立するのは難しいと感じる方も多いと思いますが、現在は、それほど難しいことではありません。確かに、ITマネジメントには、多くの知識と経験が要求されます。それらを全て兼ね備えた人材は、市場を見渡しても決して多くはありません。その場合は、チームをつくることが有効です。チームを社内部門・ＳＩベンダー（システムなどの供給先）・プロダクトベンダーなどで構成し、マネジメントしていけばいいのです（次ページの図６−２参照）。

進め方に不安がある場合は、外部の推進経験豊富な人材を推進アドバイザーとしてチームに入れると、運営がスムーズになります。

推進アドバイザーは、実際に企業の中でＤＸ経験がある人材が望ましいのですが、少なくとも、**組織変革の経験がある人材に依頼するといい**でしょう。人材を選ぶ際は、過去の実績を見れば一目瞭然です。このとき、あくまで個人の実績を重視すること。決して、背景のブランドや技術力などで選定してしまわないようにしましょう。

また、このとき中心となるチームのリーダーは、システムの知識以上に、自社の業務に関する幅広い知識を持ち、コミュニケーション力が高い人材に任せるといいでしょう。

業務改革を第一に考え、現場に対してもその改革を浸透させるためには、業務内容について幅広く知っていることはもちろん、高いコミュニケーション力が必要になるからです。

さらに付け加えるなら、劇的進化を続けるシステムに対し興味を持ち、学ぶ姿勢を持っている人であることが望ましいと考えます。このようなリーダーのもとで構成されたＩＴマネジメントチームは、大きな期待に応えてくれるでしょう。

図6-2　ITマネジメントのチーム構成

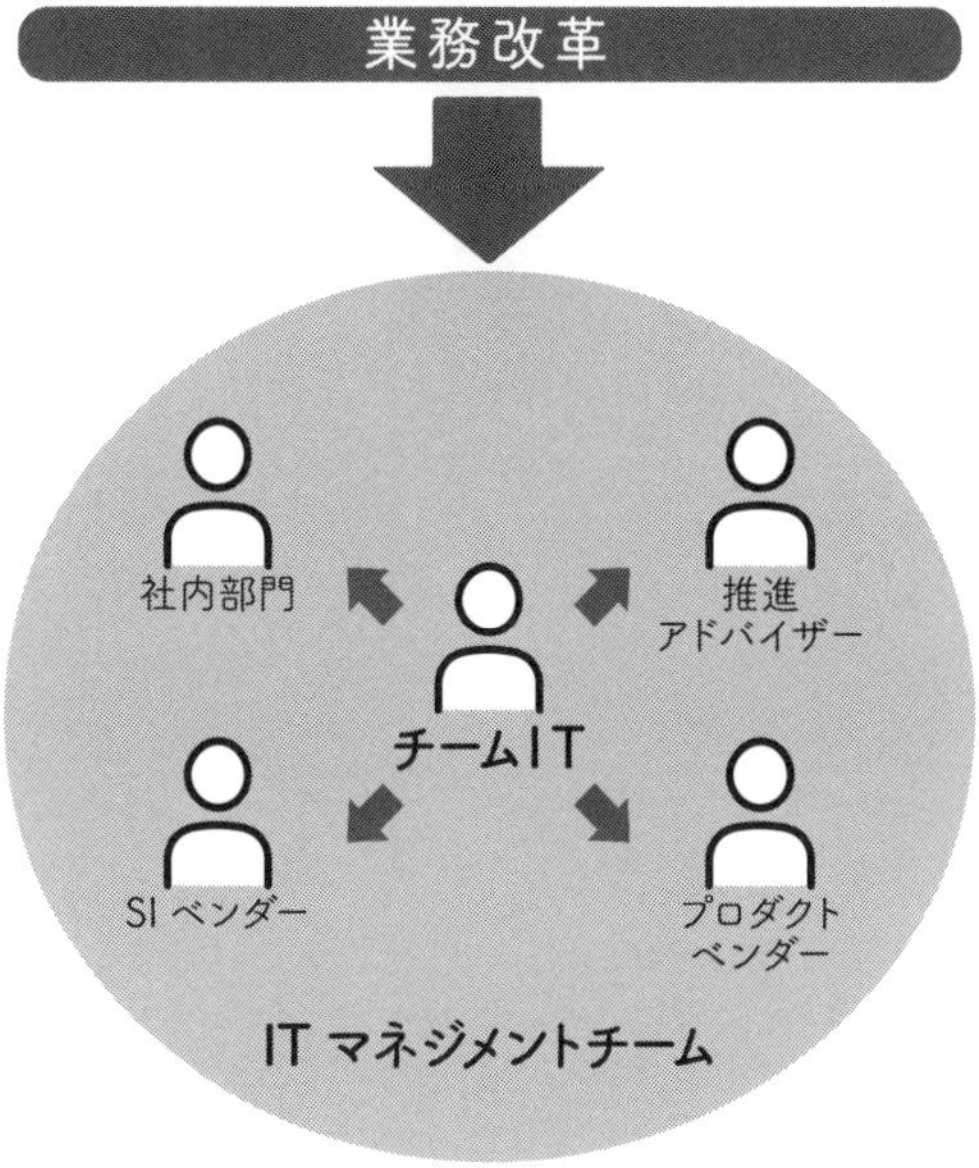

ITマネジメントチームでやるべきこと

チームを結成したら、まず手掛けることは、**システムの現状を「見える化」すること**です。多くの企業では、使用するシステムをブラックボックス化してしまっています。システムは劇的な進化を遂げており、5年も経てば新しい技術に変わります。ところが、古いシステムが社内に残っているがために、システム担当者でさえも現状が把握できていないケースが多いのです。

システムの「見える化」を進めるには、システム全体を俯瞰したうえで、経営層や現場部門の誰もがわかる形で一覧表にします。そして課題を整理し、将来のシステムをどうするべきかを考えていきます。

このときに気をつけたいことは、機能面だけではなく、技術面・費用面・組織面などのあらゆる課題を俯瞰したうえで洗い出していくことです。浮かび上がった課題の具体的な解決技法については、この次の項目で説明します。

そして課題が明確になったら、次にシステムを具体的にどうしたらいいかを考えます。ここでは、システムが「所有するもの」から「利用するもの」になったことを前提として、クラウドシステムの導入を考えていきます。これらを実現するプロジェクトマネジメントの具体的な技法については、後述します。

システム全体を「見える化」し、課題を明確にする

経営者はシステムの全貌を把握できていない

経営者や役員に「御社の商品について教えてください」「御社の業績について教えてください」という質問をすると、スムーズに答えが返ってきます。

しかし、「御社のシステムについて教えてください」と質問をすると、「それは情報システム部に聞いてください」「システム会社に確認します」といった答えが返ってきます。

これだけ世の中のシステム化が進み、システムなしでは業務が回らない時代になったのにもかかわらず、システムに関してトップが明確に答えられないのは不思議なことです。

このような状況を生み出している背景に、システムという専門性と、エンジニアの閉鎖性があります。

専門性に関しては、139ページでもお伝えしたように、クラウドシステムの登場によってそのハードルは低くなりました。技術や知識がない人でも使いやすくなっています。

残る課題は、エンジニアの閉鎖性です。彼らの仕事は専門的であるがゆえに、周囲に理解してもらえないことが多いため、自分たちの世界に閉じこもりがちです。現場の人とのコミュニケーションがスムーズに進まないこともよくあります。

しかしこれからは、エンジニアであっても、周囲の理解を深めていくことが欠かせません。**システムの全体像を「見える化」することが有効な手段**となります。

システム全体を「一覧表」にする

では、どのようにして「見える化」するのかというと、まず会社のシステム全体を洗い出し、一覧化することから始めます。

以前であれば、システムに関することは専門部門に聞けば、情報を把握していることが一般的でした。最近では、クラウドサービスやスマホアプリなど、システム部門が関わらなくても導入できるシステムが増えています。その場合、主管部門が業務部門だったりするので、システム部門だけではなく、様々な部門にヒアリングを行う必要があります。そのうえで、システムを一覧化していきます。

システム導入に携わっていた人が辞めてしまったとか、誰が一番詳しいかわからない、といったこともよくあります。その場合は、断片的にでも情報を知っている人を探し出してヒアリングを行い、整理していきます。

システムの洗い出しは、「フロントシステム」「バックシステム」「基幹システム」の3つのポイントに沿って行うとスムーズです。

「フロントシステム」とは、顧客と直接やり取りを行うシステムのことで、ホームページや予約システムなどが該当します。

「バックシステム」とは、会社の運営に必要な管理系のシステムを指し、経理システムや人事システムなどがそれに当たります。

「基幹システム」とは、企業活動の心臓部を担うシステムで、それ自体がないと、企業活動が止まってしまう重要なものです。システム部門の担当者から、「基幹システムとの連携が難しいので、費用も時間もかかります」と言われた経験のある人も多いのではないでしょうか。

基幹システムは、目的別に分けることができます。在庫管理システムや販売管理システム、仕入れ管理、顧客管理といった具合です。**システムの洗い出しを行う場合は、この基幹システムの見える化が一番のポイントになります。**

情報の洗い出しを行う場合、どこまで細かく書けばいいのか、という問題があるかと思います。そこで一覧表には、次ページの図6－4のように、システム名・システム概要の

図6-4　システム全体の一覧化

No.	システム名	システム概要	導入年月	初期費用	運用費用	OS	開発言語
1							
2							
3							
4							
5							

ほか、導入年月・初期費用・運用費用、サーバーのOSのバージョンや開発言語などを書き込むようにします。

システムと言うと、「ネットワーク機器や各種サーバー類、パソコン、プリンター、携帯端末などまで洗い出す必要があるのか？」という質問をよく受けます。これについては、**できるだけシステム単位でまとめて表現する**ことをおすすめします。

私自身、今まで何度も試行錯誤をくり返してきましたが、細かく書けば書くほど、資料の精度は高くなる一方、誰もがわかる資料になりにくくなってしまいます。

一覧表を作る目的は「見える化」することなので、**システム担当者以外の人が見ても、一目でわかるように作成することが大切です。**

システムコストを明確にする

一覧を作成したら、次の内容を、システム単位で探っていきます。

- ▽どこのベンダー（供給元）を使っているのか
- ▽何というパッケージやサービスを利用しているのか

▽コストはどれだけかかっているのか（初期費用と月額の運用費用でまとめる）

使用しているシステムは異なっても、ベンダーが同じだと、複数のシステムの合算のコストしか把握できないケースもあります。その場合は、ベンダーに協力してもらい、可能な限りシステム単位でコストを洗い出すようにします。

また、契約期間や減価償却期間なども明確にしていきます。これにより、契約期間を考慮したシステム導入時期の決定やコストの妥当性の検討がしやすくなります。

私たちのクライアントでも、まとめて一社に発注していたものを複数社に分散させることで、数千万円のコストダウンにつながった事例があります。

そのクライアントのシステムの精査を進めていくと、店舗システムを得意とする会社にセキュリティシステムを発注していました。店舗システムについては、確かにこのシステム会社は専門性が高く、内容もコストも妥当だったのですが、セキュリティシステムに関しては、一桁違う金額で発注されていました。

その経緯を紐解くと、当時は発注を一社に集約したほうが安価になると考えたようです。しかし、実際にセキュリティシステムを、別の専門の会社に頼んで見積もりを取ってみると、数千万円かかっているコストが数百万円に抑えられることがわかりました。

内実は全く同じ、海外の製品なのですが、別の専門会社のほうが、製品の仕入れ金額、サポート金額が大幅に安価だったのです。

ほかにも、保守契約を結んでいるものの、実際にはほとんど使われていないのに支払いを続けているケースも見つかりました。驚くと思いますが、システムの発注を一社にまとめてしまうと、こういった問題が起こりやすくなってしまうのが現実です。

ぜひ一度、自社のシステムを整理してみることをおすすめします。

システム全体構成図を作成する

システムを一覧にできたら、次はそれを図で表現します。ある程度グルーピングしたほうが、初見の人でもわかりやすくなります。

多くの会社のシステムは、148ページでも紹介したように、フロントとバック、基幹の三つに分かれていると思いますので、それらを分類して図にします。顧客を起点にし、そこからフロントシステム、基幹システム、バックシステムと並べるのがいいでしょう（次ページの図6－5）。

システムが多岐にわたっていると、1ページで表現するのが難しいこともあります。

図6-5　システム全体構成図の作成

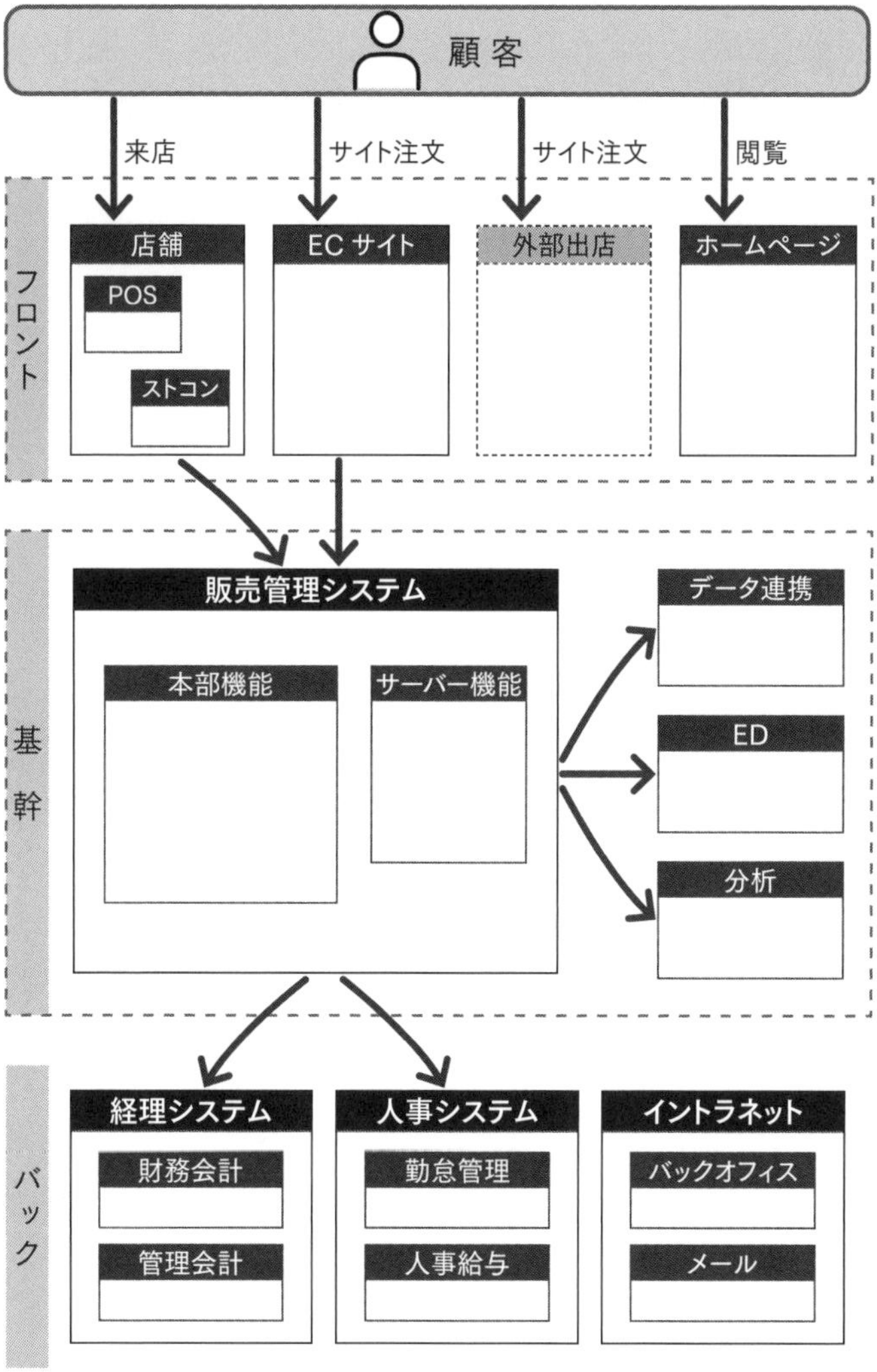

過去、2〜3ページにもわたって全体像を整理したこともありますが、複数ページになると一気に伝わりにくい資料になります。

どれだけシステムが複雑であっても、1ページに収めることにこだわることが大事だと思います。ところどころに絵や会社のロゴ、サービスのロゴを入れるだけで、見た目もわかりやすくなるのでおすすめです。

また、前ページの図6-5の矢印のように、データの流れも大まかに表現します。売上データや顧客データはシステム間でどう流れているのか、その関連を矢印で表現していくと、よりわかりやすくなります。

課題の原因は4つに分けて追究する

図を使ってシステムの全体像を明確にできたら、次に課題を洗い出します。

課題は常に、全体の業務構成図を意識しながら整理していくことが大切です。

また原因を追究する際は、次ページの図6-6のように、「機能面」「技術面」「費用面」「組織面」の4つの観点に分けて考えていくと、本質的な原因が見えてきます。

図6-6　システムの課題を探り、原因を追究する

		フロントシステム	基幹システム	バックシステム
原因の観点	機能			
	技術			
	費用			
	組織			

1 機能面の課題と原因

機能面の課題は、業務改革で整理された業務フロー図と課題を意識して整理します。主な課題は3つあります。1つ目は、本来システム化されるべきものがなされていないこと、2つ目は、システム化はされているが機能に問題があること、3つ目は、ほとんど使われていないシステムがあることに集約されます。

これらの原因として、現場とのコミュニケーション不足、エンジニアの業務知識不足などが考えられます。

2 技術面の課題と原因

技術面の課題は、システムの観点から整理していきます。

主な課題は、こちらも3つに整理できます。1つ目は、システムが統一されて構築されていないこと、2つ目は、システムのトレンドに遅れてしまっていること、3つ目は、システムが老朽化してしまっていることに集約されます。

原因としては、エンジニアのスキル不足、システム投資不足などが考えられます。

3 費用面の課題と原因

費用面の課題は、単純なコストだけでなく、投資対効果も意識して整理していきます。

主な課題は3つあり、1つ目は、システム会社の開発コストが高いこと、2つ目は、運用コストが高いこと、3つ目は、投資対効果が見合わないシステム導入をしていることに集約されます。

原因としては、経営者の不干渉、システム会社の使い方、システム投資判断の基準がないことなどが考えられます。

4 組織面の課題と原因

組織面の課題は、システム構築体制の観点から整理していきます。

主な課題は2つあり、1つ目は、システム部門が脆弱なこと、2つ目は、外部のシステム会社に依存しすぎていることに集約されます。

原因に、経営者のシステム知識不足、会社のシステム軽視風土などが考えられます。

このように課題と原因を整理していくと、システム全体の課題がだんだん見えてきます。

全てを解決することは困難だと思いますが、優先順位をつけて対応することで、今までにない発見があるはずです。

くり返しになりますが、大切なことは、システムの担当者でなくても理解できる資料を作成することです。エンジニアが作る一般的なシステム仕様書や構成図などは、システム以外の業務部門の人や経営層が見てもピンとこないことが多いものです。

システム全体を、社内の多くの人が理解することができれば、オープンな議論ができます。システムの課題を解決するには、社内の人たちとざっくばらんに議論するプロセスが欠かせません。これにより共通意識を醸成でき、結果として、推進スピードが増すほか、コストも削減でき、会社全体としてプラスの効果が生まれます。

要件を明確化してシステムを選定する

システム導入は「クラウドファースト」で

システムの課題と原因がわかったら、その解決に向けて、システムの導入を検討していきます。

しかし、ここで焦ってはいけません。その前にもう一度、システムは「所有するもの」から「利用するもの」に変わってきていることを意識する必要があります。

現在、世界的にも、クラウドサービスを活用する企業が増えています。先述した通り、クラウドサービスを利用することにより、機能面、技術面、費用面、組織面の様々な課題を解決することができます。

たとえば、「システムインフラが老朽化している」という課題があるのであれば、アマゾンのＡＷＳ（アマゾンウェブサービス）や、マイクロソフトのＡｚｕｒｅなどの活用を検討するといいでしょう。

最新の業務に活用したい場合には、営業管理、マーケティング、経理、人事などの業務クラウドサービスであるＳａａＳ導入の検討をおすすめします。

これからのシステム導入は、クラウドファーストで考えていくようにしましょう。

クラウドサービスは「ノンカスタマイズ」が大前提

１３７ページでも挙げた「ＳａａＳ」と呼ばれるクラウドサービスですが、皆さんがよく目にするのは、Ｗｅｂ広告やタクシー広告などでよく見られる「営業管理」や「経費精算の電子化」「データ分析の可視化」といったサービスではないでしょうか。

ＳａａＳ業界は、国内市場でも堅調に成長を続けています。とくに、財務会計、人事給与、営業管理などの業務システムに関するＳａａＳ化は急激に進んでいます。日々新しいサービスが生まれ、業界内の競争も激化しています。最近では、多くのＳａａＳを整理するために様々な切り口の「カオスマップ」が作られています。（１６２ページの図６－７参照）

では、多くのＳａａＳの中から、自社に適したサービスを選定するには、どうしたらいいのでしょうか。

ＳａａＳには、様々な企業が要望する機能や、法律上必要な機能が標準装備されています。選定する際は、「システムを業務に合わせる」のではなく、**「業務をシステムに合わせる」ことを目指しましょう。**

競争が激しいＳａａＳ業界では、ベンダー側も、新機能のリリースや機能改善を頻繁に実施しています。ところがいざ導入するとなると、上司や同僚から「こういう機能もほしい」「このままでは使えない」といった様々な声が出てきます。そしてやむなくカスタマイズをしてしまうというケースがあります。

カスタマイズが発生してしまうのは、「今の業務を変えずにシステムを導入すること」を前提にしてしまっているからです。

クラウドサービスは、先述した通り、皆でシステムを共有するということが前提のシステムです。ある程度はパラメーターの設定により、企業ごとに合わせることを前提としています。そして、どんどん利用者の声を聞いては、新しい機能として進化し続けるのがクラウドサービスです。

しかし、カスタマイズをしてしまった場合、その費用が発生することはもちろんのこと、その後の機能が進化することはありません。であれば、業務を変えたほうが、圧倒的にコストも低減でき、将来性も担保できることになります。

（出典：One Capital 社「ホリゾンタル SaaS カオスマップ 2020年版」より）

図6-7　SaaSカオスマップ

クラウドサービス導入を成功させるには、「ノンカスタマイズ」を前提に考えていくことをおすすめします。

クラウドサービス導入で気をつけること

「クラウドサービスを導入する必要性はわかったが、何かわからないことが出てきたらどうするのか」と不安に思う人もいるかもしれません。

ＳａａＳはクラウドサービスなので、導入作業は比較的容易に進めることができます。その点では安心です。それより問題となるのは、同一のツールを、複数の部署がそれぞれ独自で導入しているケースです。

私たちのクライアントでも、見ているデータはほとんど同じなのに、複数部門で別々のＭＡツール（顧客開拓におけるマーケティング活動を可視化・自動化するツール）を導入していたケースがあります。これは笑うに笑えない状況です。

全社で統一されていないシステムを使うと、余計なコストがかかるうえに、生産性も落としてしまいます。

なぜこのようなことが起きてしまうのでしょうか。

原因の一つは、企業側にあります。ＳａａＳの導入は容易なため、他部門と相談することなく、部門独自で導入することができます。結果、お互いに連携ができないバラバラなシステム構成となってしまうわけです。

もう一つの原因は、ベンダー側の問題です。ユーザーの全社視点ではなく、クライアントの要望に対して、自社サービスを提案する形となってしまうため、適正なシステム導入ができていないことが挙げられます。

クラウドサービス導入時には、全社視点で業務改革を実施したうえで、適正なサービスを選ぶことが大切です。

自社主導のクラウドサービス導入を考える

適正なシステムを導入し、ＤＸを成功に導くには、全社視点、部門横断でプロジェクトを推進すること。そして、**システムに関しては、ユーザーである自分たちが主導で選定・実施していくことが大切です。**

「業務のガラス張り化」「システムの見える化」を行うことで、各々の課題も明確になっています。あとは部門横断で、オープンにディスカッションを行っていくのが理想的です。

ディスカッションを進めていくと、１３７ページでも述べたように、つい自社に合わせて既存のシステムをカスタマイズしたくなりますが、そうではなく、常にノンカスタマイズのクラウドサービスをゴールとすることが大切です。

しかし、前述したように、クラウドサービスは数多くあるため、どれを選べばいいか、難しく感じるかもしれません。その場合は、数あるサービスの知識と導入経験を持つ専門家に頼んでディスカッションに加わってもらい、オープンに議論を重ねるとスムーズです。

専門家は、自社でクラウドサービスを作っている人は避けたほうがいいでしょう。自社製品を提案されるケースが多く、公平性がなくなってしまうからです。

私たちもクライアントに対し、クラウドサービスの選定・導入の支援をしていますが、いざヒアリングを行うと、取引のあるシステム会社にその検討を依頼しているケースが非常に多いのが現状です。

その場合、現状のシステムを使い続けることが前提となってしまうため、システムの規模も、費用も大きくなってしまいがちです。そうならないよう、ゼロベースでクラウドサービスの比較表を作成し、その会社に合ったサービス選定と導入を行ってもらうようにしています。

くり返しお伝えしているように、システム導入の考え方は、従来とは全く異なっています。全社視点で自社主導のクラウドサービス導入を考えるようにしていきましょう。

フランスの作家ロマン・ロランの言葉に「実際、誰もあてにしてはならないのです。他人任せにせず、自分自身の手でやってのける以上にいい仕事をする方法はありません」というものがあります。

システムはその専門性から、今までは外部委託を前提としてきました。しかし、システムが「所有するもの」から「利用するもの」に変わった現在は、ロランの名言のように、他人任せにせず、自ら行うことがいい仕事を生むでしょう。

第7章

変革風土を定着させ、加速させる

いつだって、偉大な先人たちは凡人たちの熾烈な抵抗に遭ってきた。

アルベルト・アインシュタイン（理論物理学者）

周囲を巻き込み、変革を定着させる

「6割の人」を味方につけて変革を定着させる

ＤＸはヒトの意識改革でもあります。時代に合わせた業務改革とシステム活用を行ったら、最後は、周囲に広げて定着させることがＤＸの総仕上げとなります。

私の経験上、周囲を巻き込むには、まず、２割の人たちに理解してもらうことから始めるといいと思います。

「２：６：２の法則」を耳にしたことがあるでしょうか。一言で言えば、どんな集団でも、２割の上位の人間と、６割の中位の人間と、残り２割の人間がいるという法則です。

周囲を巻き込む際にも、この法則は当てはまります。２割の人の理解を得ることができれば、変革は進み始めるでしょう。そしてゴールに近づくにつれ、６割の人はいつの間にかよき理解者に変わっているはずです。残り２割の人については、８割の人の理解を得たとしても、理解を得ることは当面は難しいと考えましょう。

変革を行ううえでとくに難しいのは、「定着」です。上位2割の人たちは問題なく変革を受け入れ、定着していきますが、いつの間にか理解者となっていた6割の人々は、放っておくとまたもとに戻ってしまいます。**変革の定着には、この6割の人々の意識改革を継続させていくことが不可欠**です。

変革風土ができると、変化に強い組織に変わる

社内の多くの人を巻き込み、変革を定着させるためには、これまでお伝えしてきた「成功＝ヒト×ＤＸ」実現ステップの第2～4のステップを、組織として習慣化することです。そして、その習慣を仕組み化し、より多くの人々が参加するようにしていくことで、社内に変革風土を醸成することができます。その風土が、変革を定着させていきます。

具体的な仕組み化は、ＤＸの司令塔である「デジタル推進チーム」、業務フロー図をベースに業務改革を考える「業務改革チーム」、そして適正なシステム導入を考える「ＩＴマネジメントチーム」を継続的に活動させます（173ページの図7-1参照）。そして、定期的にチーム間のメンバーの異動、新しいメンバーとの交代をくり返し、より多くの社員に変革への参加の機会を増やしていきます。

これにより、参加者は自ずと主体者として変革に取り組むようになるでしょう。

人は、決まったことを押しつけられると、どこか反発してしまいますか、自らが主体となって決めた場合には、決まったことを守ろうとします。

変革も全く同じです。一部の人が盛り上がって「変革だ、変革だ」と声高に叫んでも、ほとんどの人は、自分には関係ないと感じます。むしろ人によっては、足を引っ張ってやろうと考えてしまうこともあります。

自らがプロジェクトに参加できる機会をつくることで、多くの人は、変革を自分ごととして考えるようになり、やがて定着化していきます。

この取り組みは、DXだけでなく、企業が抱える多くの課題も同時に解決します。

昨今、組織の縦割り化が進み、部門間のコミュニケーションが取れていないケースが多く見られます。原因は、自部門に閉じこもり、他部門を理解しようとしないことにあるのではないでしょうか。

私自身、エンジニアに始まり、様々な業務を経験してきましたが、今思えば、最初は自分のいる部門や自分の会社を中心とする視点になっていました。

視点が変わったのは、様々な会社や職種を経験できたことが大きいと思います。各々の立場で苦労や悩みを理解するよう努めたことで、やがて多くの課題を解決できるようにな

図7-1 「成功＝ヒト×DX」実現ステップの習慣化

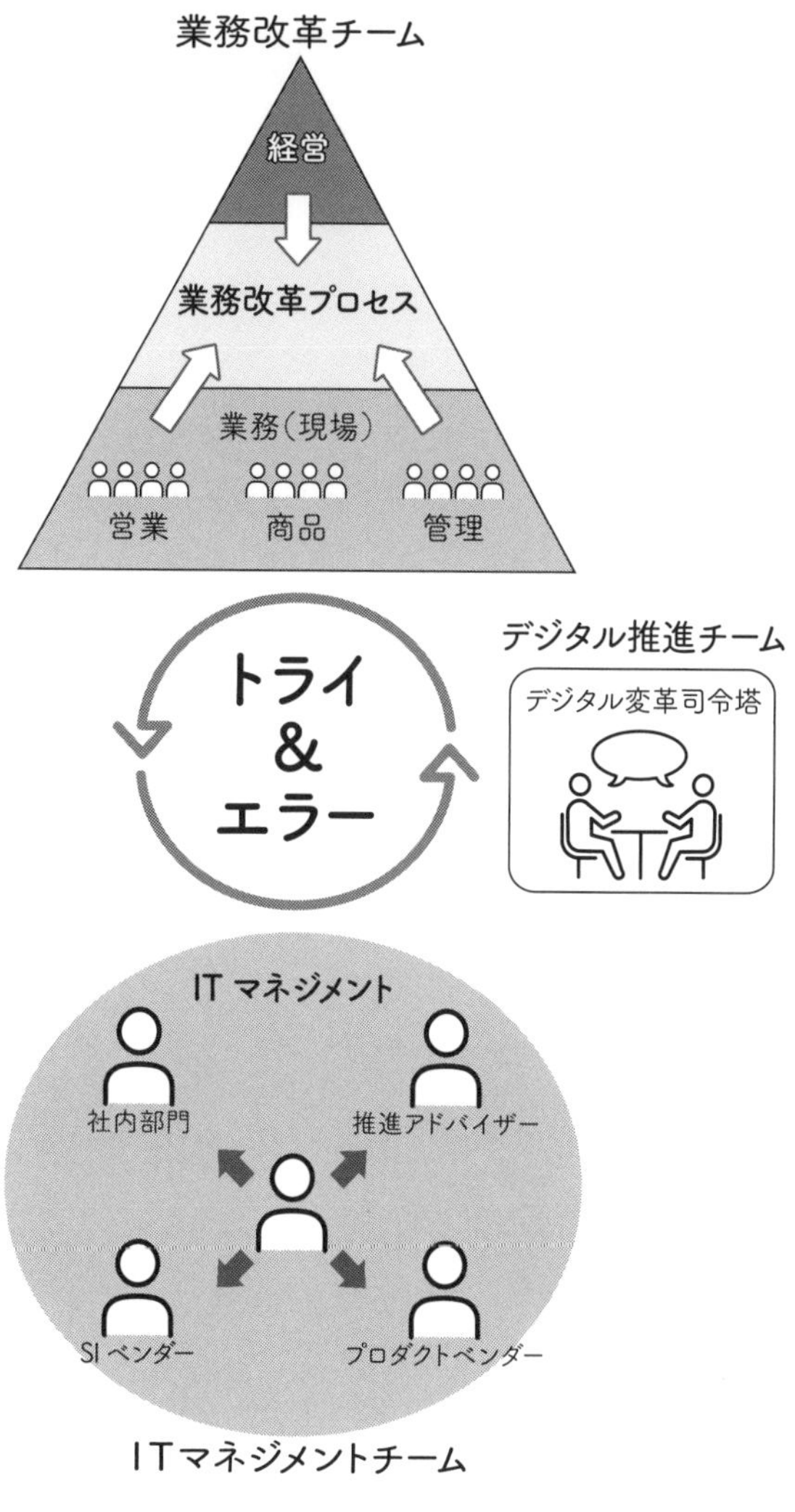

りました。今では、「お互いの苦労や悩みをフランクに話し、理解し合うことで、必ず課題は解決する」と、自信を持って言うことができます。

他部門を理解しようとする視点を持てば、少しずつ考え方も変わり、理解できるようになるはずです。結果として、課題解決ができるというわけです。

DXをきっかけとして、全社一丸で、全社員が参加する変革を推進することで、変革風土を醸成することができます。結果として、**DXを成功に導くのはもちろん、変化に強い組織づくりにもつながる**のです。

周囲を巻き込み、変革を盤石なものにする

DXは縦割りの組織や企業や業界を横串でつなげ、新しい価値を生み出します。また企業がDXに取り組むことで、企業内の組織の壁を壊し、横串でつなげ、新しい価値を生み出すことができます。しかし、それは一企業の取り組みでしかなく、変革は限定的にならざるを得ません。

さらに変革を進めるためには、他企業、他業界をも巻き込み、変革をさらに大きなものにしていく必要があります。そのためこれからは、デジタルを活用して周囲を巻き込む、「デジタルオープンイノベーション」を起こしていくことが必要です。

オープンイノベーションとは、社内と社外のアイデアを有機的に結合させ、価値を創造することです。

デジタルオープンイノベーションは、まず、**自社のDXへの取り組みを周囲に伝えていくことから始めます**。たとえば、次のような内容です。

▽自分たちはなぜDXに取り組もうとしているのか？
▽どのような未来を目指しているのか？
▽業界や社会にどのような影響を及ぼすのか？
▽自分たちと一緒に取り組むことのメリットは何か？

他社・他業界を巻き込み、それぞれの持つアイデア、テクノロジーを集約することで、新しい価値を生み出すことができます。それどころか、大きな変革となるでしょう。

立場を超えてお互いに意見をぶつけ合い、共にゴールに向かっていくことで、お互いを高め合うこともできます。そして、考えられないほどの大きな結果をもたらすことができるでしょう。そのような機会に恵まれれば、人生において貴重な体験となることは確実です。そしてその中心となる人や企業は、自身の変革を盤石のものとするはずです。

社内の抵抗勢力にどう対応するか？

社内に浸透しなければ変革は完成しない

この章の冒頭でも述べた通り、ＤＸ推進の最終段階である「変革の定着」こそ、最も大事なプロセスです。改革が現場に浸透していかなければ、どんなに素晴らしい変革も、絵に描いた餅で終わってしまうからです。

変革を社内に浸透させつつ、定着させることは、極めて難しいことです。ここまでデジタル推進プロジェクトと一部の協力者と進めてきた改革を、全ての社員に理解し、実行してもらうことは並大抵なことではありません。

もちろん、経営者の後ろ盾もあって進めている改革ですから、面と向かって反対する人は少ないと思いますが、現場の人たちにとっては、今までの仕事のやり方が変わることは、誰しも心理的に抵抗があるものです。

抵抗勢力に向き合う方法をお伝えする前に、なぜ、人は変革に抵抗してしまうのか、その心理的なメカニズムを深掘りしてみたいと思います。

変革に抵抗する理由を知る

変革を浸透させようとすると、個人と組織からの抵抗が必ず発生します。

マネジメントと組織行動学の第一人者であるスティーブン・ロビンス元サンディエゴ州立大学教授が、変革に対する個人と組織からの抵抗について説明しています。

それによると、個人からの抵抗は、慣れた安全的な状況が危うくなるという気持ち、収入が減る心配や未知なるものに対する不安、自分が聞きたくないことは無視しようとするなどの自己防衛の本能から発生するそうです。

また組織からの抵抗は、新しい変革を嫌う組織風土、既得権益が損なわれることに対する恐れ、組織への予算や人材の縮小への脅威などから発生すると言います。

いずれの抵抗においても共通していることは、**「現状が変わることへの恐れ」「新しいものへの不安」**と言えます。それぞれの理由を知ることで、抵抗への対処を考えることができると言うのです（次ページの図7－2参照）。

社内で何かしらの抵抗が起きた場合は、背景にこのような意識があることを念頭に置いて対処することをおすすめします。

図7-2　抵抗勢力の種類と内容

個人からの抵抗

習慣	慣れた安全な状況が危うくなる
安全	
経済的要因	収入が減る心配や曖昧な状況への不安
未知に対する不安	
選択的情報処理	自分が聞きたくないことは無視する

組織からの抵抗

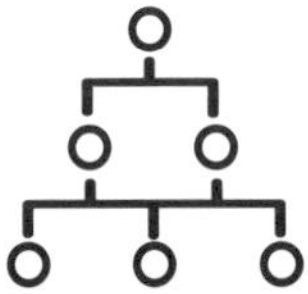

構造的慣性	新しい変革を嫌う組織風土が阻止
変革の限られた焦点	
グループの慣性	
専門性への脅威	既得権益が損なわれることへの恐れ
権力を失う脅威	
既存の資源配分	自組織の資源が縮小されることへの脅威

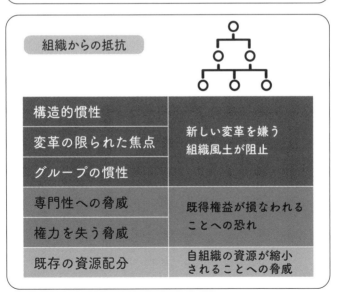

変革への抵抗にはいかに対処するべきか

リーダーシップ論の世界的権威であり、ハーバード大学ビジネス・スクールのジョン・コッター名誉教授は、抵抗への対処について、「穏便な施策」から「強硬な施策」に対処していく必要があると説明しています（次ページの図7－3参照）。

具体的には、社員に正確に情報を伝え、不安を取り除くために参加を促進して、新しい環境への適応を手助けしていくことから始めます。組織的な抵抗に対しては、大きな勢力を持っている人に交渉し、戦略的に抵抗を弱め、最終手段として組織的な強制力を働かせ抵抗を抑え込んでいくことが有効です。

抵抗への対処は、これらの方法を理解したうえで、相手の立場に立ち、段階的な対処をしていくことが大切です。私もこの対処方法を知ってからは、冷静に対処できるようになりました。

抵抗から目を背けない

DXの成功に向け、できれば何の摩擦を起こさずに進めたいと思うかもしれませんが、変革に抵抗はつきものです。ここからは、変革の定着に向け、より具体的な方法をお伝え

図7-3　抵抗勢力に対する6つの対応策

穏便な施策

↓

強硬な施策

1　教育とコミュニケーション

従業員に正確な情報を伝える

2　参加促進

反対する人を決定プロセスに参加させる

3　手助け

新しい環境への適応を助ける

4　交渉と合意

大きな勢力を持っている人に交渉する

5　策略と懐柔

戦略的または金銭的に抵抗を弱める

6　有形無形の強制

抵抗者に直接行使する

していきます。決して目を背けず、率先垂範で行動していきましょう。

まずは、社内に変革の意義と内容をしっかりと粘り強く伝えていくことから始めます。各々の社員の立場に立ち、なぜ変革が必要なのか、具体的に何をすればいいのかを丁寧かつ粘り強く説得していきます。

次に、変革状況を報告し、現場の人たちにもプロジェクトに参加してもらいます。デジタル推進チームのメンバーが実際に改革の現場に入り、先頭に立って一緒に行動していくことも有効です。多くの場合は、この時点で社内の雰囲気はがらりと変わり、変革は大きく前進しているはずです。

しかし、この時点でも抵抗が発生するケースがあります。多くは組織の抵抗によるものですが、中でも、大きな権力を持っている役員や中間管理職が抵抗している場合には、見過ごすことはできません。

その場合は、その人物に対してさらなる交渉を実施して合意を取りつけていきます。合意とは、その反対する人、または組織にとってのメリットを明確にすることです。

多くの場合、変革後の状況をイメージができないために、変わることを恐れているにすぎないのです。**具体的に何を新しく始め、何が変わらず、何を捨てるのかを話し合っていきます**。できれば、その話し合いで先方が答えを出すようにできると望ましいです。

また、説得する順番ですが、最も反対をしている人、あるいは最も強面《こわもて》の人から説得するのがいいでしょう。そういった人は、社内の影響力が大きいからです。彼らを説得することができれば、これほど頼もしい味方はいません。さらに変革は大きく前進していくことでしょう。

それでも抵抗する人には、最終手段として、組織としての強制力を働かせます。具体的には、87ページに書いたように、トップに登場してもらうといった対応を行います。

変革することで、必ずしも全ての人間が幸せになるわけではありません。多くて8割の人が幸せになればよしと考えて行動します。残り2割の人は、反対することも覚悟しましょう。その場合には、組織として、適材適所に配置転換を行うなどの手を打つ必要も出てきます。変革を前進させるために、これは必要なことです。情に流されず、迅速に対処しましょう。そのほうが相手に与える傷は小さく、復活するチャンスを与えることにもつながります。

相対性理論でおなじみの理論物理学者アルベルト・アインシュタインの言葉に、「いつだって、偉大な先人たちは凡人たちの熾烈な抵抗に遭ってきた」というものがあります。新しいことに挑戦するには抵抗があって当然だと考え、前を見て進んでいきましょう。

DXにおいて最も大切なものは何か？

「デジタル変革者」の育成＝DXの成功

最後に、DXにおいて最も大切なものは何かについてお話しします。

それは、「人」です。

ビジネスは、突き詰めると人と人のつながりです。人の意識と行動からビジネスは生まれ、育まれます。

DXも同様に、人が欠かせません。人が未来図を描き、デジタルを活用し、人が恩恵を得ることを目的としたビジネス変革です。つまり**「人（ヒト）」を主役として、各々が自然に行動を起こしていくことが最も大切になります。**

DXは、人が意思を持って変革に取り組むことにより実現します。DXを、周囲を巻き込み実現していく人、すなわち「デジタル変革者」の存在こそが必要であり、この「デジタル変革者」を育成していくことこそ、DXの成功につながっていくのです。

デジタル変革者を育てる

では、どのようにして、デジタル変革者を育成していけばいいのでしょうか。

参考までに、私たちの会社の人材育成法を紹介します。

人材育成において当社が大切にしていることは、**「自立化」と「マルチスキル化」**です。

まず自立化は、「自由と責任」を明確にすることから始めました。

スーパーフレックス制度を導入し、月間の所定労働時間を守れば、時間に縛られない自由な仕事ができるようにしています。

また、個人の責任を明確にするため、やるべきことは自ら決めて宣言し、評価は、宣言した目標への取り組み姿勢と結果により行っています。従来の日本型労働環境から脱却し、自由と責任を明確化した環境をつくりあげ、自立化した人材の育成を目指しています。

次にマルチスキル化ですが、社員には常に、「自分を経営者と考えて、色々なことに興味を持ち、自分をすすんで育成しなさい」と伝えています。前職は営業だった社員がコンサルタントをしていたり、以前はエンジニアとして働いていた社員がマーケティングをしていたり、接客をしていた社員が管理の仕事をしていたりと、過去の背景に囚われない仕事ができる環境を提供しています。

　このことで社員は自分の強みを伸ばし、弱みを補強する仕事のやり方を覚え、自らの意思でマルチスキルの取得を目指しています。

　まだまだ手探りではありますが、会社設立から4年が経過し、社員はかなり成長していることを実感しています。本人たちは挑戦の毎日なので、実感する余裕はないかもしれませんが、私の35年のキャリアから見ても、今の社員が最も成長していることに間違いありません。将来、今いる社員の中から起業家が生まれることも期待していますし、それを応援する制度づくりもしたいと思っています。

　人は環境により育ち、変革する環境は変革者を育てます。社内に変革者を育てることは、DXを支援する企業としては必須だと考えています。自らが変革を経験することにより、クライアントに自信を持って支援できるようになると思っています。

　今後、DXは必ず起き、企業も個人も変革していく必要があります。その変革を進めるのがデジタル変革者であり、デジタル変革者がどれだけ社内にいるかが、国力、企業力と言われるようになるでしょう。日本を元気にするためにも、皆さんには、ぜひデジタル変革者を目指してほしいと思います。

多様性とチームワークを重視した採用を

リモートワークのような、オンラインでのコミュニケーションが当たり前となった今、これからは「多様性」と「チームワーク」が大切になってくると感じています。

また、そのために必要とされるコミュニケーション力とは、様々なアイデアを出し、背景や立場の違う人をチームとしてまとめていく力だと感じています。

2021年に入り、私たちは今までになく多くの人材を集めています。採用過程では、やる気とコミュニケーション力を重視していますが、背景や立場、過去の実績には囚われないようにしています。結果として、様々な業界、職種、年齢の人間が集まってきており、これから何が起こるか楽しみです。

もちろん、この採用方法はリスクも伴います。会社として一体感を失ってしまう恐れもあります。社内をまとめるのは会社のリーダーである私の仕事ですが、それだけで会社は一つにはなりません。**社員一人ひとりの自主的な行動が、会社を一つにする**のです。

「成功＝ヒト×DX」の5つの実現ステップを自社でも実践することにより、会社の一体感を醸成し、同時に社員をデジタル変革者へと育てていきたいと思っています。

今では、社員が自発的に集まり、会社の業務フロー図を作成し、共有化しています。

図7-4　「四方よし」こそビジネスの基本

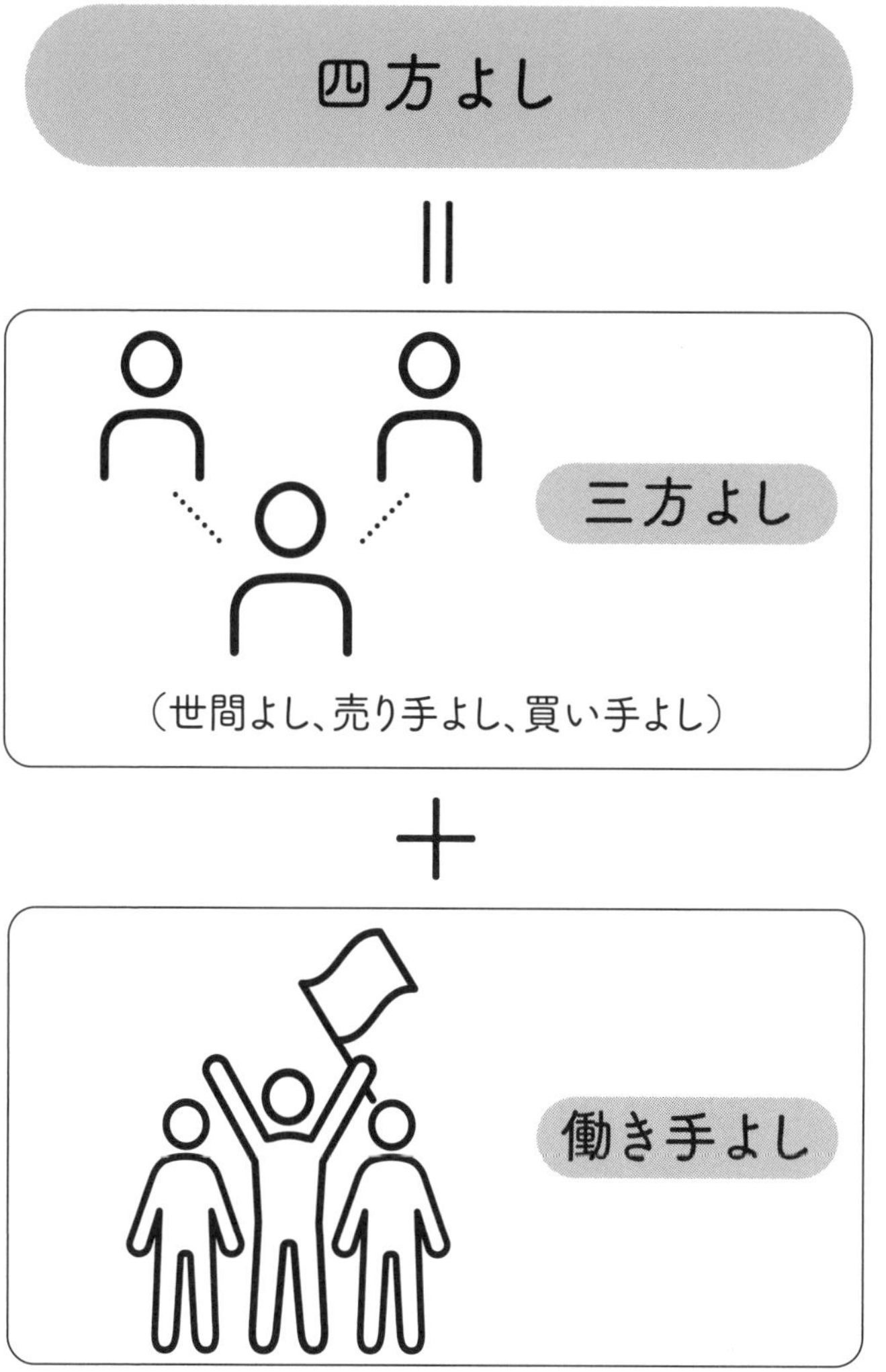

また、アイデアのある社員からの提案で、日々、よりよい仕事を目指し、継続的な改革・改善をくり返しています。まだ実験段階なので効果はわかりませんが、この取り組みが、数年後に大きな財産となるよう確信しています。

「四方よし」こそビジネスの基本

古来日本から伝わる商いの基本に「四方よし」という考え方があります（前ページの図7－4参照）。

「四方よし」とは、商いは自分だけの利を考えるのではなく、お客様・協力企業・従業員・社会（四方）の利を考えなければ、商いは成功しないという考え方です。自社の利だけを考える企業は、最初はいいかもしれませんが、長続きしません。

DXも同様です。現在デジタルで大きな恩恵を受けている特定の業界・企業・部署が「四方よし」の考え方を持ち、デジタル格差をなくし、人を育て、社会全体の底上げをしていかなければ、やがて衰退していくでしょう。

これからの日本企業は、年功序列制度・人材流動化の低さを乗り越えて、人々が等しくDXの機会に恵まれ、より多くの人が恩恵を得られる世の中に近づく努力をするべきだと考えます。

第8章

DXがもたらす未来を想像する

未来を考えない者に未来はない。

ヘンリー・フォード（フォード・モーターの創設者）

DXがもたらす新しい社会常識とは？

「未来を考えない者に未来はない」

「自動車王」と呼ばれた実業家ヘンリー・フォードの言葉に、「未来を考えない者に未来はない」というものがあります。DXにおいても同様に、**未来を想像しなければ、そのゴールにたどりつくことはできません。**

DXの現場に立ち続けていると、未来の姿を想像するときに、既にある事例を探そうとする人が多いことに気づきます。新規事業の提案でも、コンサルティング会社が海外の事例を模倣して提案してくることも多く、驚かされます。

新しいものは自らの想像から生まれるものであって、真似からは生まれません。

ここからは、今後必ず定着する新しい社会常識と、DXが起こす4つの変化について話を進めていきます。あくまで私の仮説ですので、参考程度にとどめ、読んだ後はぜひ、皆さん一人ひとりが未来を考え、未来を創り出してほしいと思います。

持続可能な社会とDX

未来を考えるうえで、現時点で既に予測できることがあります。

1つは「持続可能な社会の実現」、もう一つは「超高齢化社会の到来」です。

この2つは間違いなく近い将来、我が国の社会常識となります。またこれらとDXとは密接な関係にあり、未来を考えるうえで考慮する必要のある社会変化とも言えます。それはなぜなのか、詳しく説明していきましょう。

1つ目の「持続可能な社会の実現」ですが、ここ数年、「サステナブル」という言葉をよく耳にするようになりました。サステナブルとは、人間・社会・地球環境の持続可能な発展を意味します。その活動を具体的な行動指針としてまとめたものを「SDGs」（持続可能な開発目標）と言います（193ページの図8－1参照）。襟元に17色のピンバッジ（SDGsバッジ）をつけている人を見かける機会も増えたのではないでしょうか。

このサステナブルの意識は、コロナによりますます高まっています。

外出制限や営業規制が行われたことにより、地球環境は劇的に改善されました。アジア各国では大気汚染が急減し、世界では観光客らの減少で水質が向上しているという報告も相次いでいます。

また、潜在的な課題であった人種問題や貧困の問題も表面化しました。昨今では社会の分断が広がりつつあります。こうした状況から、日々、サステナブルな意識は高まり、解決の糸口を探す動きが加速しつつあるのです。

では、社会全体が持続可能な社会の実現に動き出したときに、私たちはどう対応するのが望ましいのでしょうか。

自社の利益を追求する企業と、社会全体の幸せを追求しようとするサステナブルな取り組みは、一見相性が悪いように感じますが、実際はそうではありません。多くの企業が、サステナブルな活動に取り組み始めています。その結果、サービスの質の向上、企業のイメージアップ、新規事業の創造、従業員や株主の満足度向上などにつながっています。

最近では、これらの活動は株価にも影響してくるようになりました。世界の投資家集団の中には、化石燃料産業への投資停止や投資撤退を宣言するところも出てきています。

このことから近い将来、「サステナブルな活動をしていない企業の商品は買わない」といった不買運動が起こることが想像できます。また、サステナブルを軽視した企業は市場で生きることが許されないかもしれません。そしてそこで働く私たちも、変わることを余儀なくされるでしょう。

この変化の過程において、DXは大きな役割を果たしています。

図8-1　持続可能な開発目標

持続可能な社会に向けて人やモノの移動は減り、ネットを活用したリユースなどにより、化石燃料の使用量を減らすことができます。また、SDGsという共通認識があることで、国家や地域、業界や企業の壁を超え、世界は一つになり、地球規模での問題解決をしていくことが可能となります。DXにより、知恵や情報がネット上で共有され、新たな枠組みを形成することもできます。今後はDXを通じて問題解決を模索し、新しい価値を生み出す流れに変わっていくでしょう。

超高齢化社会とDX

もう一つの考慮すべき社会変化は、「超高齢化社会の到来」です。

人間の平均寿命は延び、人生100年時代の到来も現実のものとなりつつあります。これは、100歳まで生きるのが当たり前の時代になるということです（次ページの図8－2参照）。国内の100歳以上の人口は、2020年9月現在では8万人を超え、50年連続で過去最高を更新。65歳以上の人口は3617万人となり、日本の総人口の28・7％まで増加しました。

2030年には総人口は1億1913万人に減少しますが、そのうち31・3％にあたる3716万人が高齢者になると予測されています。

図8-2　「人生100年」超高齢社会の到来

西暦	平均寿命	定年
1965年	70.2歳	55歳
2017年	84.1歳	60歳
20XX年	**100歳**	**80歳**

国内人口の3分の1が高齢者となり、世界で最も高齢化が進む超高齢化社会となることは明白です。私たちはこの超高齢化社会により、様々な影響を受けることになるでしょう。

ではこの先、世の中はどう変わっていくのでしょうか。

『LIFE SHIFT（ライフ・シフト）』（東洋経済新報社）の著者の一人、リンダ・グラットン氏は、**「寿命が今後延びていくにあたって、国・組織・個人が今までの生き方の見直しを迫られ、新しい社会構造や価値観が生まれてくる」**と示唆しています。

超長寿社会に向けて、世界中の専門家が共通認識していることは「長く生きるためには、長く働かなければばならない」ということです。同書の共著者で経済学者のアンドリュー・スコット氏の試算によれば、１００年の人生を生きるためには、人は、少なくとも75歳から85歳まで働かなければならなくなるだろうと指摘しています。

つまり、**人生１００年時代には、人生が20年近く延びる**ということです。

しかし、従来の考え方に縛られていると、60歳で定年を迎え、引退生活に入ることになります。すると１００歳を迎えるまで40年あるので、その間、長く退屈な日々が続きます。金銭的にも困難が予想されため、もはや長く働くことは避けられなくなるでしょう。

この変化の過程でも、ＤＸが大きな役割を果たします。

超高齢化社会では、一社で定年まで勤める働き方は通用しなくなります。様々な仕事を経験し、専門スキルを身につけることで、60歳を超えても、継続して社会と結びついた仕事を行うことができます。デジタルを活用することで、リモートワークや情報収拾も容易になり、体力の衰えをカバーしてくれます。

長い仕事人生を生きるうえで、働き方が多様化することは明白です。場所や時間、年齢の壁を超えて、積極的にデジタルが活用されていくことでしょう。

DXがもたらす4つの変化

このようにDXは、「持続可能な社会の実現」「超高齢化社会の到来」と密接な関係を持ちながら、当面は進化を続けていきます。既にコロナの影響で、DXによる変化は早くもその片鱗を見せています。その変化は、大きく分けて4つあります（199ページの図8－3参照）。

1「ハイブリッド・ワーキング」の開始

今後私たちは、現在のリモートワークをさらに進化させて、リアルとネットの長所を活かした新しい働き方に変化していくでしょう。

2 デジタル生産性の向上

リモートワークやＡＩの活用などを通じてデジタル化が進むことで、生産性はますます向上します。さらに、業界や組織を超えた最適化が進むことにより、社会全体の生産性も高まるでしょう。

3 「優秀な人材」の定義の変化

ＤＸにより求められる人材が変わり、優秀な人材の定義も変化するでしょう。同時に、企業も、新しい労働環境の提供を求められます。

4 共創による新しい価値創造

ＤＸを通じて既存の業界や組織の壁が壊れると、あらゆる分野がつながり、ヒト中心の共創による新しい価値が生み出されていくはずです。

この4つは、ＤＸを進めるうえで必ず押さえておきたい変化になります。次節より、それぞれの変化について詳しく説明します。

図8-3　デジタル変革がもたらす4つの変化

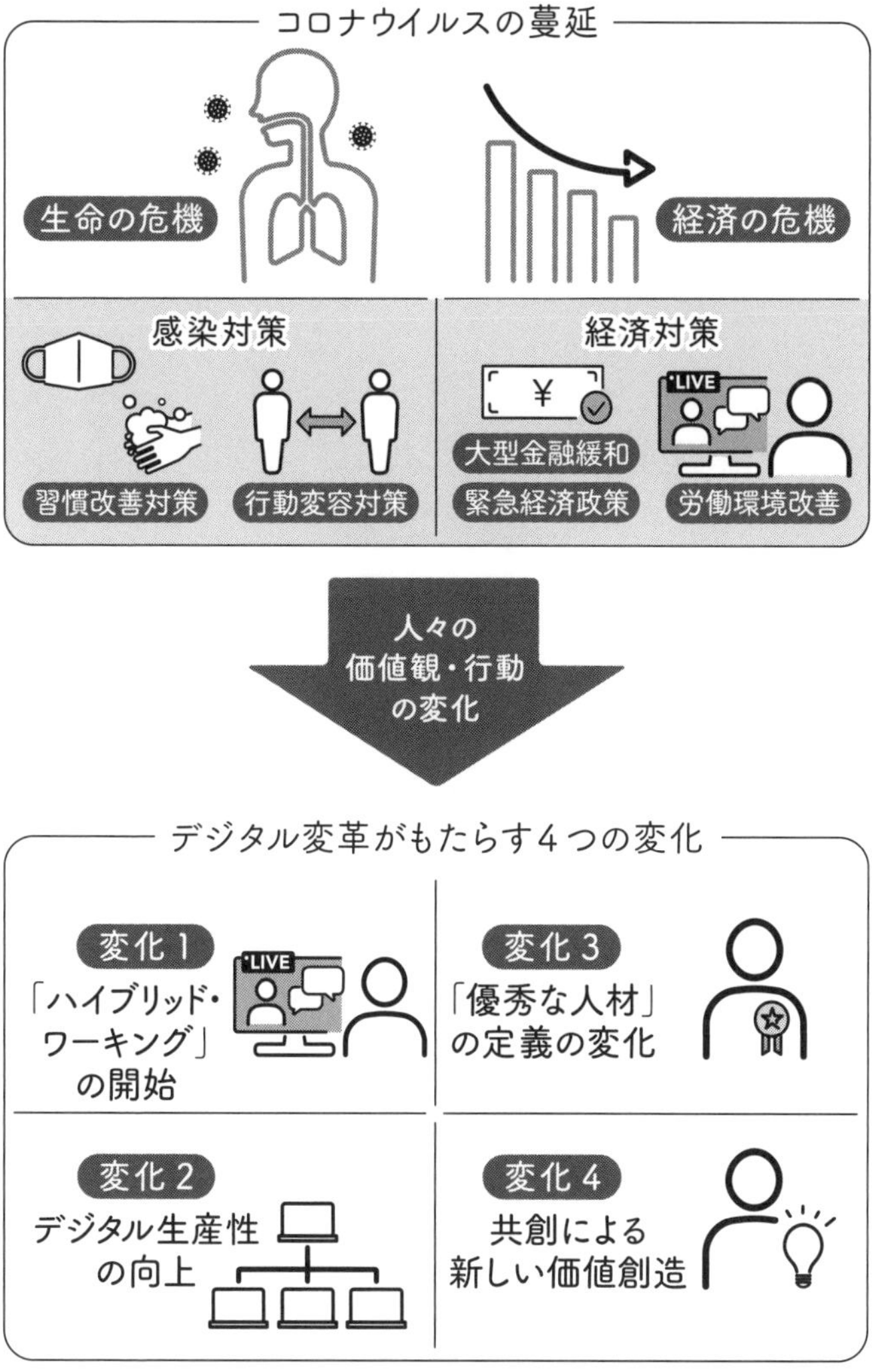

変化１「ハイブリッド・ワーキング」の開始

半年ぶりに会って得た一体感

ＤＸで始まる変化の１つ目は、「ハイブリッド・ワーキング」です。

これは、自宅やコワーキングスペースなどで働く「リモートワーク」と、出社して働く「オフィスワーク」の２つを掛け合わせた新しい働き方を意味します。具体的には、私たちの会社の話をもとに説明したいと思います。

コロナ禍で完全リモートワークを実践した半年後、当社では、オフィスワークを段階的に再開。久しぶりに全社員が集まり、対面での会議を実施しました。

社員の皆とはリモートで毎日のように話をしていたので、コミュニケーション面での違和感はとくに感じません。しかし、実際に対面で社員の表情や空気に触れることで、私は少し高揚した気持ちで話をしていました。

社員の皆も私の話に熱心に耳を傾け、何かを肌で感じ取ったようでした。会議が終わる頃には、社員全員に、以前とは比べものにならない一体感が生まれていたように思います。

この「以前とは違う感覚」は、なぜ生じたのでしょうか。

それは、久しぶりにリアルに接したことで、リモートでは感じ得なかった空気に触れたことが大きかったと思います。加えて、半年間のリモートワークにより、それぞれがリアルな活動への枯渇状態に陥り、感覚が研ぎ澄まされたことが挙げられるのではないでしょうか。そのことは、クライアントともリアルに接したことで確信に変わりました。

デジタルとアナログの融合が感覚を研ぎ澄ます

人間は、感情・感覚の生き物です。単調な日々を送っていれば「つまらない」と感じ、刺激が欲しいと考えます。逆に、変化の激しい毎日を過ごしていれば、「休みたい」と感じ、安定を求めます。また、単調な日々と忙しい日々がくり返し訪れると、個人差はあるにせよ、多くの人は「充実している」と感じます。

デジタルとアナログの関係もこれと同じです。

デジタルを活用するからこそアナログのよさに、アナログな生活をするからこそデジタルのよさに気づくことができます。そして、その2つを融合させたときに、新しいポテンシャルが引き出され、無限とも言える選択肢が広がります。

選択の幅が広がることで、仕事もプライベートも、そして人生にも多様性が増します。

つまり、**デジタルとアナログをうまく使い分けることで、自身の可能性をいかようにも広げることができる**のです（次ページの図8－4参照）。

リアルとネットを融合した働き方へ

いずれにせよ、コロナ禍において、リアルの交流が貴重だったことに気づかされました。

やはり、実際に人に会って話をしたほうが、微妙な表情や空気感が伝わり、お互いの理解が深まります。とくに新規のクライアントに会うときや難易度の高い交渉をするときは、実際に会ったほうがスムーズに進むと実感します。

デジタルシフトがいくら進んでも、リアルの交流がなくなることは決してありません。

ある音楽プロダクションの経営者は、「これからライブはネット配信が主流になるだろう。しかし、同時にソーシャルディスタンスを確保したうえでのリアルライブは、たとえ価格が10倍になっても集まると思う」と話していました。

ネット上の交流が主流になっても、リアルな交流の価値は高まり、より求められるのではないかと思います。デジタルの積極活用と同時にリアルのあり方も見直され、リアルとネットをうまく融合した「ハイブリッド・ワーキング」へシフトしていくことでしょう。

図8-4　リアルとネットの融合

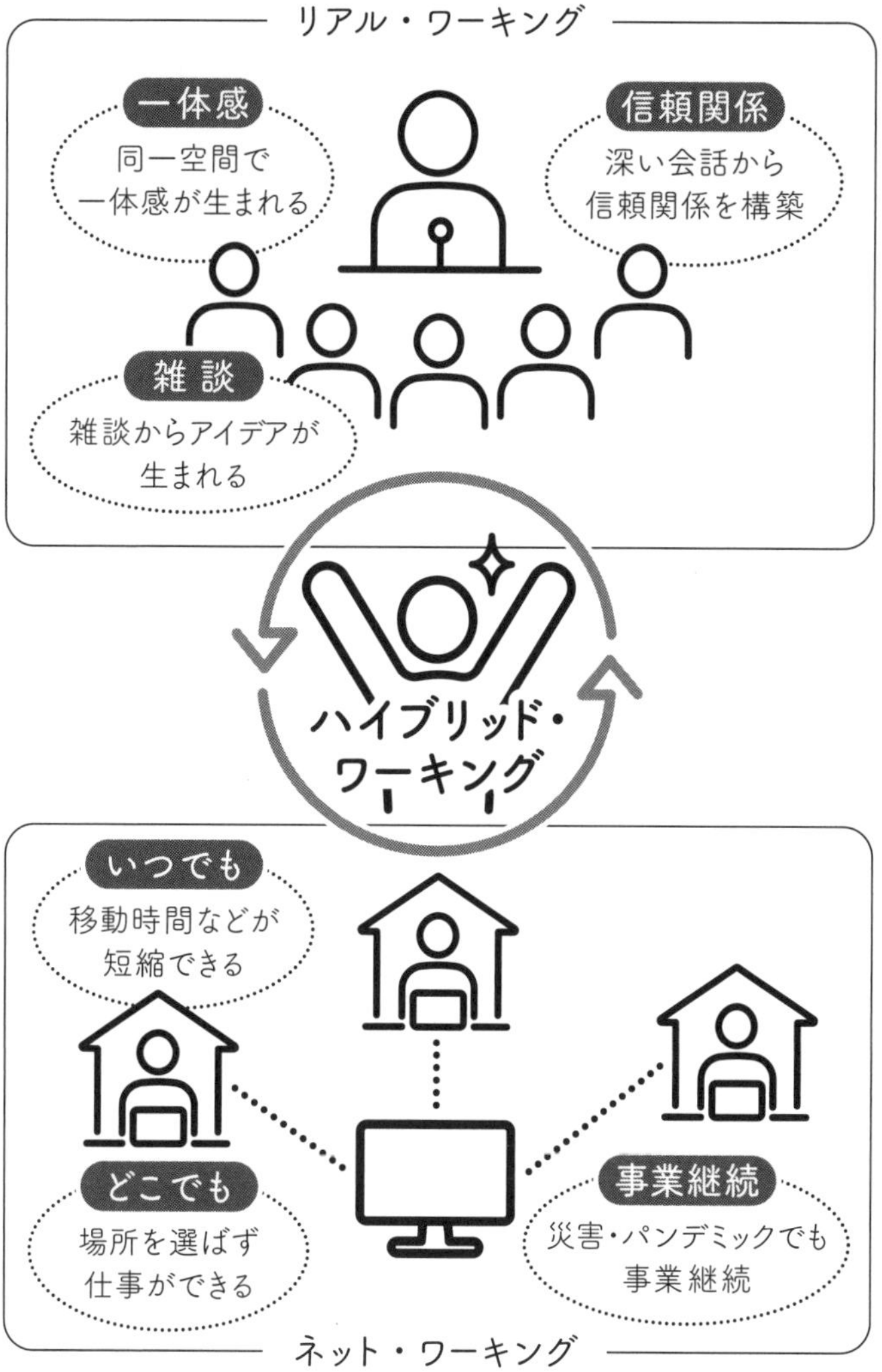
リアル・ワーキング
一体感
同一空間で
一体感が生まれる
信頼関係
深い会話から
信頼関係を構築
雑談
雑談からアイデアが
生まれる
ハイブリッド・
ワーキング
いつでも
移動時間などが
短縮できる
どこでも
場所を選ばず
仕事ができる
事業継続
災害・パンデミックでも
事業継続
ネット・ワーキング

ハイブリッド・ワーキングが新しい価値を生み出す

デジタルシフトが進むと、全てがデジタル化され、ＡＩやロボットが人間を支配するような世界を想像する人もいますが、私はそんな味気のない未来にはならないと思っています。デジタルシフトが進めば進むほど、同時にリアルのよさが見直され、デジタルとアナログは適正なバランスを保ちながら新しい価値を生み出すと考えているからです。

では、リアルとネットがうまく融合したハイブリッド・ワーキングは、どのようにすれば実現することができるのでしょうか。

まずは、今まで当たり前だった「リアルな交流」を見直すことから始めるといいと思います。人に会わないとできないことは何なのかを明確にしていくのです。そのうえで、優先度の低いものから「ネットの交流」へと切り替えていきます。その線引きは、画一的なものではなく、相手や状況によって変えるといいでしょう。

たとえばある飲食店が、飲食物を提供する形態を増やしたとします。店舗での提供に加え、テイクアウトでの販売、デリバリーを始めます。すると、既存顧客は、３つの中から好きなものを自由に選べるという意味で選択肢が広がります。

結果として、満足度も上がります。加えて、新たな顧客の開拓にもつながるでしょう。これは、外食業以外でも同様です。

このように今後は、仕事でもプライベートでも、リアルとネットの融合への対応を求められるようになります。柔軟に対応する企業は大きな成長のチャンスを広げ、柔軟に対応できない企業は、衰退する恐れが出てくるでしょう。

皆さんも、積極的にデジタルの活用を意識して、「ハイブリッド・ワーキング」を実践してほしいと思います。

変化2 デジタル生産性の向上

将来、労働人口は必ず不足する

ＤＸにより起こる２つ目の変化である「デジタル活用による生産性の向上」が注目を浴びています。その背景に、少子高齢化による労働人口減少の問題があります。

２０３０年の労働市場の未来推計を見ると、７０７３万人の労働需要に対し、労働供給は６４２９万人となっており、６４４万人分の労働力が不足すると予測されています（次ページの図８－５参照）。そこで今、国や企業では、女性の就労機会を高めるために様々な支援策を充実させ、シニアの就労を高めるために定年を延長することで就業機会を増やし、外国人の就労を増やす様々な制度改正などに取り組んでいます。

しかし、これらの対策を打ったとしても、不足する６４４万人の半数程度しか労働力は確保できず、半分弱の２９８万人分の人手不足の解消には至りません。この足りない労働力を埋めるためにも、ＤＸによる生産性の向上が期待されているのです。

図8-5　デジタル活用による生産性の向上

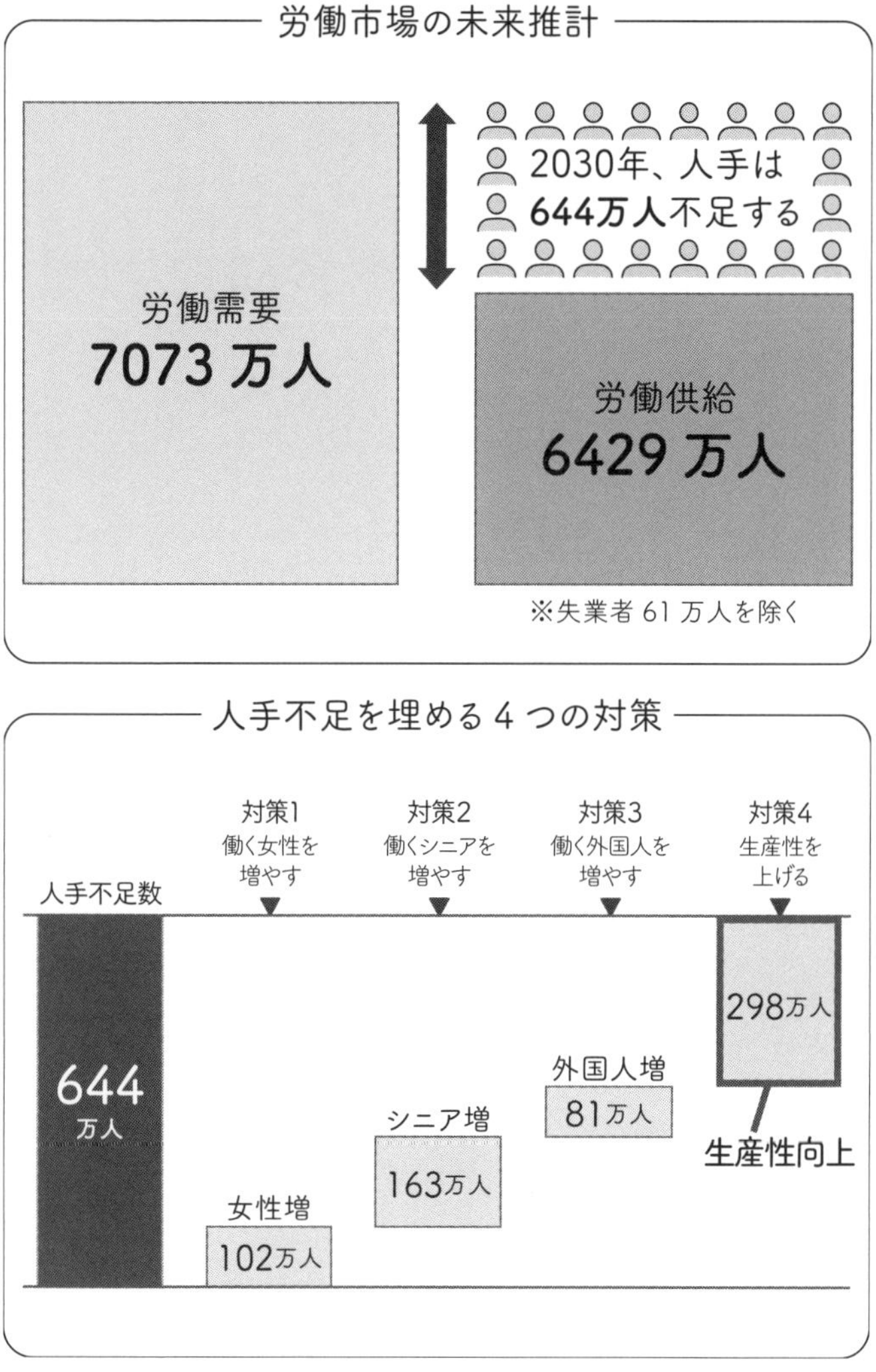

DXによる生産性向上への期待

ではなぜ、DXによる生産性の向上が期待されているのでしょうか。
それは、従来の生産性向上と、DXによる生産性向上の違いを知ると理解できます。
従来の生産性向上は、業務の効率化を指します。既存の仕事のプロセスを大きく変えず、ムダをなくしてコストを下げる手法です。基本的には、作業時間や人の動き、商品の在庫量などを適正にコントロールすることで効率化を実現してきました。日本は、これらの改善活動では世界でも指折りな国です。

一方で、DXによる生産性向上とは、デジタルを活用し、抜本的に業務を見直し、ビジネスモデルを改革していくことです。デジタルの活用は、従来成し得なかった人間の仕事を肩代わりすることが可能になります。

デジタル化のアプローチには、大きく分けて3つあります。

1つ目は、コミュニケーションのデジタル化です。これはリモートワークに代表されるように、コミュニケーションをデジタル化することで、場所や時間をはじめとする壁をなくしていくアプローチです。

2つ目は、定型作業の省力化です。これはRPAに代表されるように、定型化された単純作業を、ソフトウェア型のロボットが代行・自動化するアプローチです。

3つ目は、複雑な作業の省力化です。これはAIに代表されるように、人間が行うには複雑で、複数の答えがある場合に有効です。何億ものパターンをシミュレーションし、最適な解を導き出します。

これらのアプローチを組み合わせてデジタル化を進めることで、仕事のプロセスを劇的に変化させ、単なる業務効率化とは異なる大きな効果が期待できるのです。

現在では、定型業務や複雑な作業の省力化が、デジタル生産性を高める特効薬のように言われていますが、私は、**コミュニケーションのデジタル化こそ、デジタル生産性を最も高める**と思います。

生産性向上を阻む人間の習慣

私たちの会社でも、コミュニケーションのデジタル化は大きな効果として実感しています。

コロナによる緊急事態宣言後の半年間、私たちの会社では、リモートとリアルをうまく使い分け、生産性を2倍以上高めることができました。

社内会議やクライアントへの報告会議はリモートで行い、ディスカッションが必要な会議はリアルで実施するといった具合です。不都合なこともありましたが、なんとか解決しようと、新しいやり方を取り入れるなどの努力を重ねました。それが習慣化されたことで、生産性向上を実現できたのだと思います。

逆に習慣化するまで我慢しないと、生産性を落としてしまうこともあります。

ある会社の経営者は、「リモートはダメですね。社員たちからも不満が出たので、来週から全社員を出勤させることにしました」と言って、せっかく導入したリモートワークを撤回し、すぐにもとに戻してしまいました。

リモートワークをした期間について聞いてみると、なんと1週間でした。理由として、その経営者や現場担当者の反応はよかったのですが、中間管理職のやることがなくなったからだと言います。そして、その中間管理職の直訴もあり、断念したと言うのです。

とはいえ、リモートワーク環境の準備コストがゼロになるわけではありません。元のオフィスワークに戻したことで、かえって生産性を落としてしまいました。

人は、自分の慣れ親しんだ習慣を変えることを嫌います。今後、デジタルシフトが進んだとしても、一番のブレーキになるのは、人の固定概念であり、慣れ親しんだ習慣です。

とくに成功体験を持ったベテラン社員は、染みついた習慣を変えることができず、DX

図8-6　生産性を阻む様々な壁

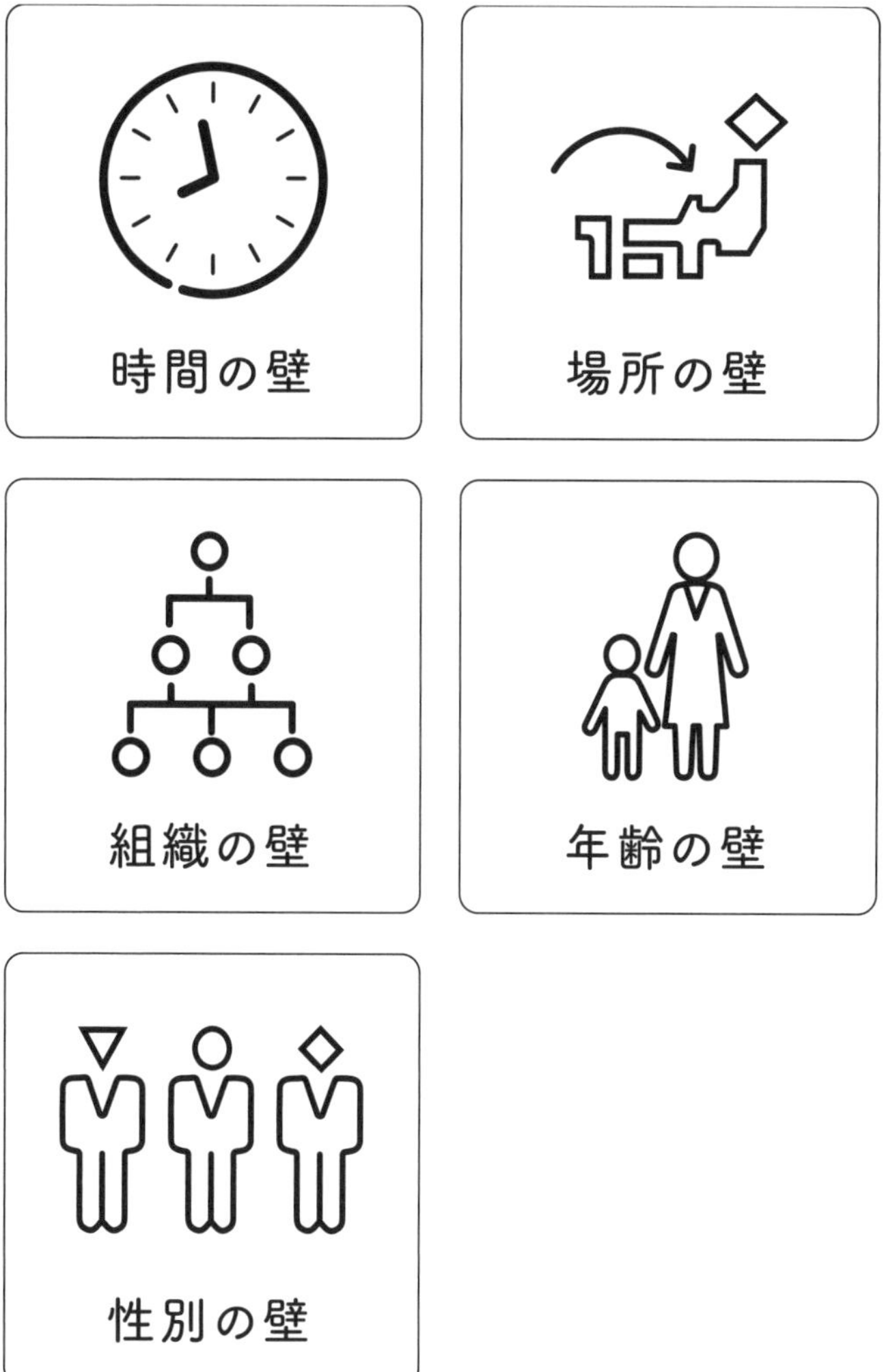

を極端に恐れる傾向があるようです。

DXを進めるときは、このような社内の抵抗もあると予測したうえで、不退転の覚悟を持って、習慣化するまで継続することが大切です。

ほかにも、ブレーキになりうる「壁」として、場所の壁、組織の壁など、前ページの図8－6のようなものが挙げられます。

魅力的な職場づくりを行う会社が生き残る時代へ

リモートとリアルの組み合わせがうまくいくと、時間や場所に左右されることなく、その人に合った生活リズムで働くことができます。すると生産性の向上はもちろん、職場としての魅力も増します。働き方の選択肢が増えたことで、これからは、出産や子育てなどの時間制約のある人も働きやすくなるでしょう。これは年齢を重ね、体力に自信のない人も同様です。

当社でも、ハイブリッド・ワーキング体制に移行してから、社員の生活が一変しました。これまでの時間や距離の制約から解放され、それぞれに合った仕事の進め方ができるようになりました。出勤やクライアントへの移動時間も大幅に減り、「はじめに」でもお伝えした通り、生産性も大幅に向上しています。

おかげで現在働いている社員の中には、本社のある東京以外に、千葉、埼玉などに土地を買い、一軒家を建てる者も複数人出てきました。多少通勤に時間はかかるものの、リモートワークを組み合わせることで、充実した生活を送っているようです。

さらに最近は採用活動も強化し始めましたが、距離や時間に縛られることなく、幅広く採用できることは、これから世の中全体が人材不足になるうえで、アドバンテージになってくると思っています。

DXにより、今後、潜在的な労働力の掘り起こしが進むことは確実です。超高齢化社会を迎えようとしている日本が、労働力の減少を避けることはできません。積極的なDXによって生産性を向上させ、魅力的な職場づくりに取り組む企業が、新たな労働力を確保し、時代を先導することになるでしょう。

変化3 「優秀な人材」の定義の変化

社内に人材がいない!?

ＤＸで始まる3つ目の変化として、「優秀な人材の定義の変化」が挙げられます。

経営者の方からよく、「社員からなかなかいいアイデアが出てこないんです」「こちらから指示をするまで動かないんです」「革新的な人材を採用したいんです」という声を聞くことがあります。

これらの悩みは、大手・老舗企業と言われる会社の経営者に多いと感じます。本来そのような企業は、優秀な人材を新卒で採用しているはずです。にもかかわらず、なぜ「社内に人材がいない」と嘆くことになるのでしょうか。

おそらく、いい人材が企業で育たなくなっているのだと思います。人生１００年時代を迎え、求められる人材も年々変化しています。**「優秀」とされる人材の定義が、これまでとは異なってきている**と考えたほうがいいでしょう。

「同質化人材」を育てる日本企業

では、これまではどのような人が「優秀」とされてきたのでしょうか。

ここで、日本の人材採用についての歴史を振り返ってみたいと思います。

戦後、高度成長期を迎えると、日本はGDP世界第2位の経済大国に成長を遂げました。社会学者のエズラ・ヴォーゲル氏は、1979年に『ジャパン・アズ・ナンバーワン：アメリカへの教訓』という本を出版。戦後の日本経済の高度経済成長の要因を分析し、日本的経営を高く評価しました。

その高い経済成長の基盤になったのは、日本人の学習意欲と読書習慣であり、ピラミッド型の組織による縦割り統制でした。一部の特権階級が情報を握り、組織を効率的に分業化。社員は与えられた仕事をルール通りにくり返すことで精度を高め、結果を出してきたのです。

各企業は、自社への帰属意識が高い社員を大量に育成しました。また社員も意識して周りの空気を読み、同質化していきました。当時はそれが最善の方法であり、効率的だったのです。

しかし、1990年代後半になると、日本型経営は機能不全を起こし始めます。以前は一部の特権階級が情報を独占していましたが、インターネットがその構造を一気に塗り替えたのです。特権階級でなくても、誰もが等しく情報を得られる時代に入りました。

そしてインターネットの普及に伴い、情報量は飛躍的に増えました。「どう情報を取るか」ではなく、「得られた情報をどう活用するか」という時代に突入したとも言えます。

すると、求められる人材の定義にも変化が見え始めます。上司からの指示を待ち、自発的に考えない「同質化人材」ではなく、**新しいアイデアを生み出す「能動的人材」が求められるようになってきた**のです。

「変わった人」が求められる時代へ

ここまで読んで、「私は自分なりの考えを持っているから大丈夫」「私は同質化なんてしていない」と思う方も多いかと思います。

しかし、何年も同じ会社で働き続けていれば、周りと同質化することは何も珍しいことではありません。自分ではなかなか気がつかないものです。

入社した頃は緊張して、慣れない環境に疲れていたとしても、それはやがて「慣れ」に変わっていきます。働くうちに自然と空気を読み、周りに同調し、職場の人たちと同質化していくのです。

これからは、周りから「変わった人」「協調性のない人」と思われる人材にスポットライトが当たるようになるでしょう。**お互いに意見をぶつけ合い、新しいアイデアを生み出すことが、企業にとって「価値ある人材」だとみなされる**はずです。

そのためには、「異質な人材」を目指すべきです。

異質といっても変わり者、協調性がない人という意味ではありません。**周囲に忖度しない、自分の軸（主義・主張）を持った人**という意味です。言い方を変えれば、「自分の軸を持った自立した人材」とも言えます。

優秀なのは、「マルチスキル人材」

加えてこれから求められるのは、**多くの経験とスキルを持つ「マルチスキル人材」**です。

経済が悪化し、先行き不透明な時代となると、従来のビジネスモデルを変革できる人材が必要になります。

かつては、一つの職種を極める「シングルスキル人材」が優秀とされ、企業も彼らを重宝してきました。しかし、デジタルにより様々な縦割りの壁が壊されている現在では、全社視点や業界視点での改革が必要となってきます。そのような意味では、複数のスキルや経験を持つ「マルチスキル人材」のほうが、相手の立場を理解しながら、様々な壁を超えて改革を進めることができるのです（次ページの図8－7参照）。

今後、「マルチスキル人材」は多くの企業で求められます。色々な人材がこぞってマルチスキルの取得を目指すでしょう。

もちろん、シングルスキルを否定しているわけではありません。時代に合わせて技術に磨きをかけ、唯一無二のレベルにまで高めていけば別の話です。ただ多くの人は、一般的なスキルを一つ持っているだけで生き残ることは難しいと言えます。

海外では、医者でありながら弁護士資格を持つなど、複数の資格を持って働いている人は珍しくありません。そこまでのレベルではなくても、システムのプログラミングの経験があり、システムの営業を行えば、より深い提案ができます。

また、小売業界を経験し、システム業界の経験があれば、業務を意識した提案も可能になります。複数のスキルを意識して身につけることで、より広い分野で活躍できる可能性を高めることができるのです。

私の人材スキル転換

私がマルチスキルの必要性を感じて行動を始めたのは、年金問題が世間を騒がせていた

図8-7　時代により求められる人材の変化

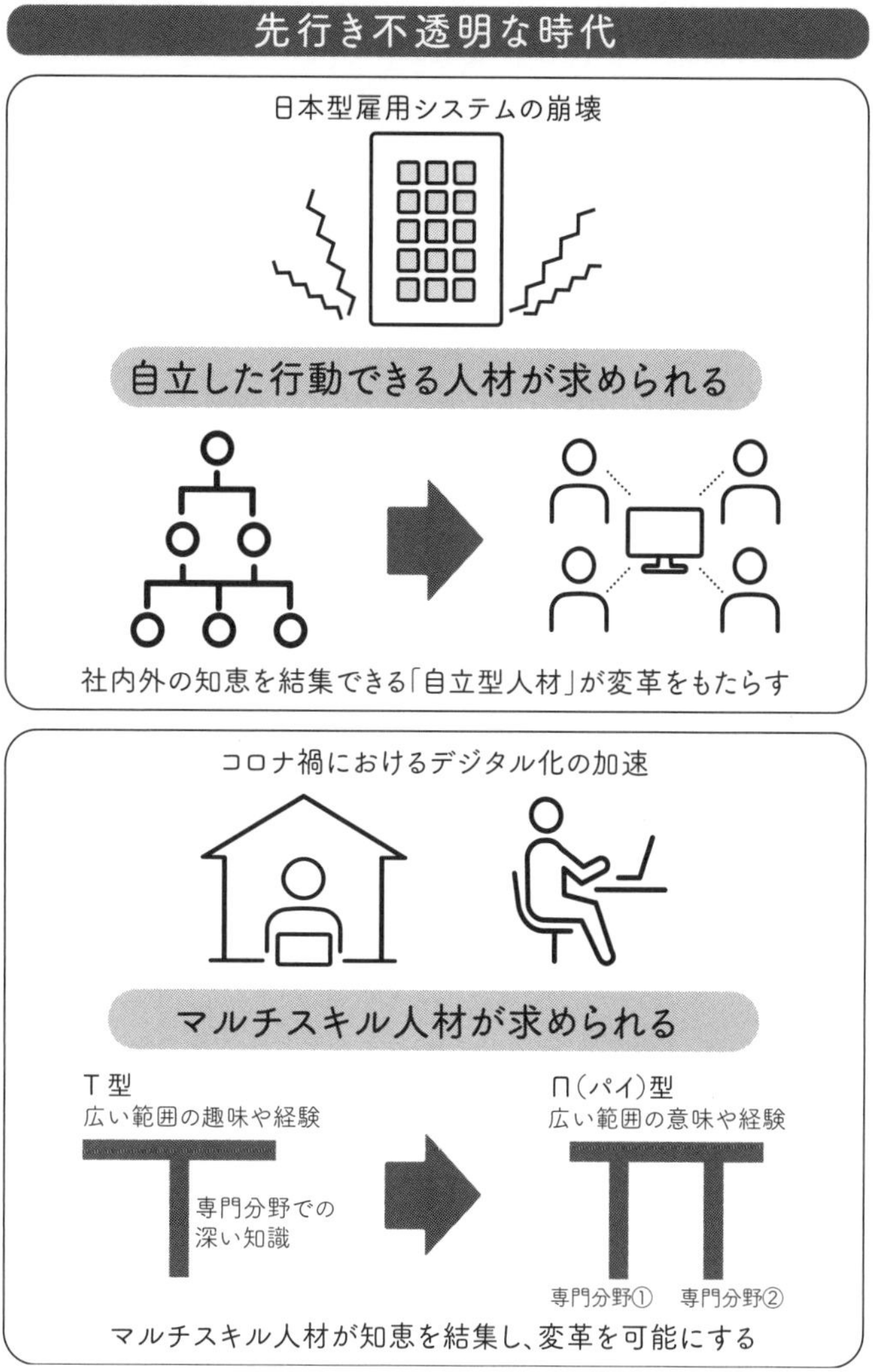
先行き不透明な時代
日本型雇用システムの崩壊
自立した行動できる人材が求められる
社内外の知恵を結集できる「自立型人材」が変革をもたらす
コロナ禍におけるデジタル化の加速
マルチスキル人材が求められる
T型
広い範囲の趣味や経験
専門分野での
深い知識
Π(パイ)型
広い範囲の意味や経験
専門分野①
専門分野②
マルチスキル人材が知恵を結集し、変革を可能にする

頃です。今から20年前でしょうか。世の中の流れから、「老後の年金は期待できない」「年金がなくても生きていけるようにしよう」と考えるようになりました。以来、仕事を通じて、自分のスキルを常にアップデートするようにしました。足りないところは学び、経験することを意識したのです。

20代ではSEとして「システムをつくる」スキルを身につけ、30代では営業、事業企画、ベンチャー起業を経験しました。起業というと聞こえはいいですが、他人の資本であったこともあり、いわゆる〝サラリーマン社長〟にすぎません。

そこで、まずは経営者として「会社をつくる（成長させる）」ことに注力しました。自ら考え、行動する経験とスキルを身につけたのです。

また40代では、大きな組織の中で「事業を創る」経験をし、周りを説得するスキルや、ダイナミックに多くの人を動かすスキルを身につけました。

50歳を過ぎてからは、現在の会社を自己資本で起業しました。「人をつくる（育てる）」を事業として、充実した日々を送っています。もちろん、これで慢心することなく、引き続きスキル転換の努力を継続するつもりです。

このように、マルチスキル人材になるためには、**今いる環境の中で自分のスキルを常に見直し、足りないところを補う努力が欠かせません。**

自立型マルチスキル人材は環境が育てる

では、マルチスキル人材を育てるにはどうすればいいのでしょうか。

それは**「環境」の変革**です。「環境」が人材を育てるからです。

個人が職場環境を選ぶ際は、常に安定しない、新鮮なエネルギーのある職場かどうかを選ぶ基準にします。同じ悩みを持つ社外の人に会って刺激を受けるのも効果的でしょう。

今いる職場があまりに旧態依然としている環境で、成長が見込めないと感じれば、転職するのも、自ら起業することも一つの選択肢です。

そこで大事なことは、**「常に新たな気持ちで、自分の本心に従って行動し、自分の軸（主義・主張）をつくりあげていく」**ことを心掛けることです。

また、企業が環境を変革する場合は、**従業員が複数の仕事を取り組める環境を積極的につくることを意識しています。**

具体的には、中途採用を積極的に行い、組織に新しい風を吹かせる環境づくりを行うのがいいと思います。プロジェクトを立ちあげる場合は、異業種や企業規模の違う会社と取り組むと、革新を起こす確率が高まるでしょう。

「責任を明確にして、各々が自由に判断し、行動できる環境を提供する」ことができれば、

人材は自然と育ちます。

「自分の軸」を持った人材、複数の仕事を通じてマルチなスキルを持つ人材を育成することは、今後、個人においても企業においても、必要不可欠なテーマとなっていくことでしょう。

日本独自の雇用システムが格差を生む

日本は世界と比較しても、デジタル格差が広がりやすい傾向があります。その背景には、年功序列、新卒一括採用、終身雇用といった、日本独特の雇用システムがもたらす労働環境があるからだと考えます。

年功序列制度は、高度成長期には日本企業の成長の原動力になりましたが、今では足かせになっています。DXに取り組む場合、新しいものを柔軟に取り入れる若い従業員を抜擢することが有効な手段です。ところが、幹部や上層部にシニア層が多いと、なかなか進みません。年功序列制度がそれを阻んでしまっている側面もあります。

その事実に気づいた企業から、変革を始めています。

トヨタ自動車や三菱重工業は、2021年より成果型評価を導入することを決定。日本製鐵やIHIといった老舗企業でも、新たな雇用制度・賃金制度を導入するなど、年齢にかかわらず、実力に見合った評価を行う動きが活発化しています。

新卒一括採用も、足かせになっているという点では同様です。

かつてはこの一括採用で安定的な雇用を実現し、会社に忠誠を尽くす人材確保を実現してきました。ところがこの採用法は、金太郎飴のような「同質化人材」が育ちやすくなります。中途採用より新卒採用に注力してしまうため、ノウハウが社外へ広がることはなく、外からの刺激を受けにくい組織ができあがります。

現在のような先行き不透明な時代には、社内でも意見を戦わせ、積極的に挑戦する必要がありますが、同質化人材を生みやすい新卒一括採用がそれを阻んでいます。

終身雇用制度も同様です。

環境は国、地域、業界、企業、部署などの集団の中でつくられます。デジタルを活用する集団に所属すればデジタル活用に積極的になりますし、デジタルを活用しない集団に所属すれば、消極的になるのは自然の流れです。

世界では人材流動化が高く、転職が盛んであれば、人材が集団を行き来することによりノウハウの平準化が進むのですが、終身雇用がそれを阻んでいます。

これらの日本型雇用システムがもたらす労働環境は、企業を孤立させ、業界・企業・部署間の格差を広げることになっています。経営者はこのことを理解し、一刻も早く手を打つべきだと考えます。

変化4 共創による新しい価値創造

「壁」をつくり、壊した先に、新たな価値が生まれる

DXで始まる変化の4つ目は、「共創による新しい価値創造」です。

新たな価値を創造するには、人との衝突や「壁」の崩壊が欠かせません。

人は集団になると、安心して過ごしたいという思いから、「壁」をつくります。

壁とは、人が作る心理的な抵抗のことで、ルールや規則、考え方といったかたちで存在しています。そして、時間の経過に伴って内部を劣化させ、外部との分断や衝突を生んだ後、壊れていきます。


この「壁」について考察するうえでは、日本の歴史が参考になります。

日本が江戸時代、鎖国制度により外国との交流を遮断し、制限したことはご存じだと思います。鎖国をしている200年以上もの間、諸外国では近代化が進み、日本は西洋列強国から後れを取りました。幕末、日本は西洋列強国との衝突が増え、一歩間違えば国際的

な紛争に発展するリスクに晒されます。しかし、当時のリーダーの努力により、諸外国との紛争は回避され、明治維新という自己革新を遂げました。そして国家の近代化への道を進むことができたのです。

近代化を進めた日本は、昭和に入り、諸外国との間に再び壁をつくります。当時のリーダーが国内の安定した秩序の維持を第一に考えたために、やがて太平洋戦争に突入。国家は壊滅的なダメージを負い、多くの尊い命が犠牲になりました。

戦後の並々ならぬ努力により、日本は奇跡的な復興を成し遂げ、先進国の仲間入りを果たすことができました。しかし、そこに至るまでの過程には、多くの「壁」が存在していたことを忘れてはなりません。

これらの歴史から学べることは、人は安定を求めると外部との壁をつくってしまうということです。そしてその壁は、内部を劣化させ、やがて分断・衝突を生みます。やがてその壁を壊した先に、新しい価値が生まれてくるのです。

人間の防衛本能が組織・風土の「壁」をつくる

私自身、様々な規模の企業、業界、職種を経験したことで、それぞれに「壁」があることを知りました。そして、多くのことを学ぶことができました。

初めて「壁」を感じたのは、ソフトバンクに移ってからです。営業として、古巣の富士通をはじめとする多くのSIベンダーを顧客に持ったときにふと疑問を感じました。

そもそもSIベンダーは、顧客のビジネスを発展させるため、企業にシステムを導入し、ベストなソリューションを提供することは必須です。ときには、競合企業と手を組んでも顧客のビジネスの発展に寄与するべきではないでしょうか。しかし現実は、自社製品で固めて顧客を囲い込むことを優先しているように見えました。

当時私が関わった案件でも、競合と協力した提案にすべきではないかと社内を説得しましたが、「競争相手と組むくらいなら、商談を落としたほうがましだ」と豪語している人もいて、非常識な提案だと叱られました。今ではずいぶん変わってきているようですが、このときに、会社間の「壁」というものを知ることになりました。

さらにこの「壁」の存在は、ベンチャーを起業したときにも感じることになりました。ソフトバンク時代に書籍EC企業であるイー・ショッピング・ブックス（現セブンネットショッピング）を立ちあげました。当時のソフトバンクは、Yahoo!の急成長もあり、インターネット企業と呼ばれ始めた頃です。そのソフトバンクとYahoo!、セブン－イレブン、トーハンとの合弁会社という話題性もあり、注目を浴びました。

しかし、出版業界には不評で、最初のほうはほとんど協力を得られませんでした。「インターネットなんて単なるブームでしょ。本は書店で買うのが当たり前なのだから、余計なことをするな」と追い返されることもありました。

その後、出版の街である神保町に会社を移転し、彼らの懐に飛び込むことで、徐々に協力を得ることができました。

ただし、関係構築には長い時間を要することになりました。このときほど、業界の「壁」を感じたことはありません。**新しい挑戦をすると、既得権益を持つ人たちから大きな抵抗を受ける**ことを学びました。

そしてこの「壁」は、大きな組織になるほど高い壁となることを、セブン＆アイ時代に感じることになりました。

ネットとリアルの融合を目指して、会社ごとグループ入りしたのですが、巨大な組織の壁に悩まされたのです。今考えると、ＩＴ業界から来た私たちは、異質で理解しがたい存在だったのだろうと思います。「鈴木さんは知らないと思いますが、商売というのは……」という言葉を何度聞かされたことでしょうか。

やがてスマホが登場し、ＥＣも本格化してくると、その追い風を利用し、リアルの小売り現場を理解し、新しいメディア商品開発などを手掛けました。実績が上がってくると、だんだん協力してくれる人も増えました。そして、オムニチャネルという新しい事業を立ちあげるに至ったのです。

このように、どの企業で働いていても「壁」を感じる機会がありました。

では「壁」は、なぜつくられるのでしょうか。

私は、人間の防衛本能が作るのだと思います。**人は安定を好み、新しいものに恐れを抱き、自分の存在を脅かすものを排除していこうとする**ものです。そして、組織が大きくなればなるほど、この「壁」は高いものになっていくように思います。

デジタル化により既存の壁は壊れる

ただし、「壁」には終わりがあります。「壁」がつくられて時間がたつと、その内部は劣化し、あるキッカケで壊されていきます。それは、歴史を振り返っても、私の話からも、ご理解いただけるのではないかと思います。

１９９０年代後半にインターネットが登場し、世界中の人々がつながり始めました。

様々な情報や知恵が国家、地域、業界、企業、組織の壁を超えて共有されるようになります。デジタルの浸透が進むにつれて、業界や組織の壁も壊れ始めました。

現在では、その流れはますます加速し、デジタル技術の高度化により、業界や組織が融合し、新しい価値を生み出しつつあります。

私たちは、国家、地域、業界、企業、部門など、あらゆる単位の集合体のどこかに属しています。これからデジタル化により既存の壁は壊れ、新しい価値が創造されていきます。それは、情報を共有するという単純なことではなく、あらゆる壁を超えて協調し、ときには衝突しながら、新しい価値を生み出す「共創の時代」へと変わることでしょう。

デジタルによりもたらされる共創は、時間・距離の制約に囚われない新しい世界です。デジタルを積極的に活用することで、新しい発展があり、それらに前向きに取り組む人々にはチャンスをもたらします。反対に既存の価値に縛られ取り組まない人々は、デジタル化の波に呑み込まれ、時代に取り残されてしまう危険性さえ出てきます。

私たちは、自らを取り囲んでいる壁にいち早く気づき、自らその壁を壊すべきです（次ページの図8－8参照）。

積極的に壁の外の人たちと協調して、新しい共創価値の創造に取り組んでいけば、新し

図8-8　共創による新しい価値創造

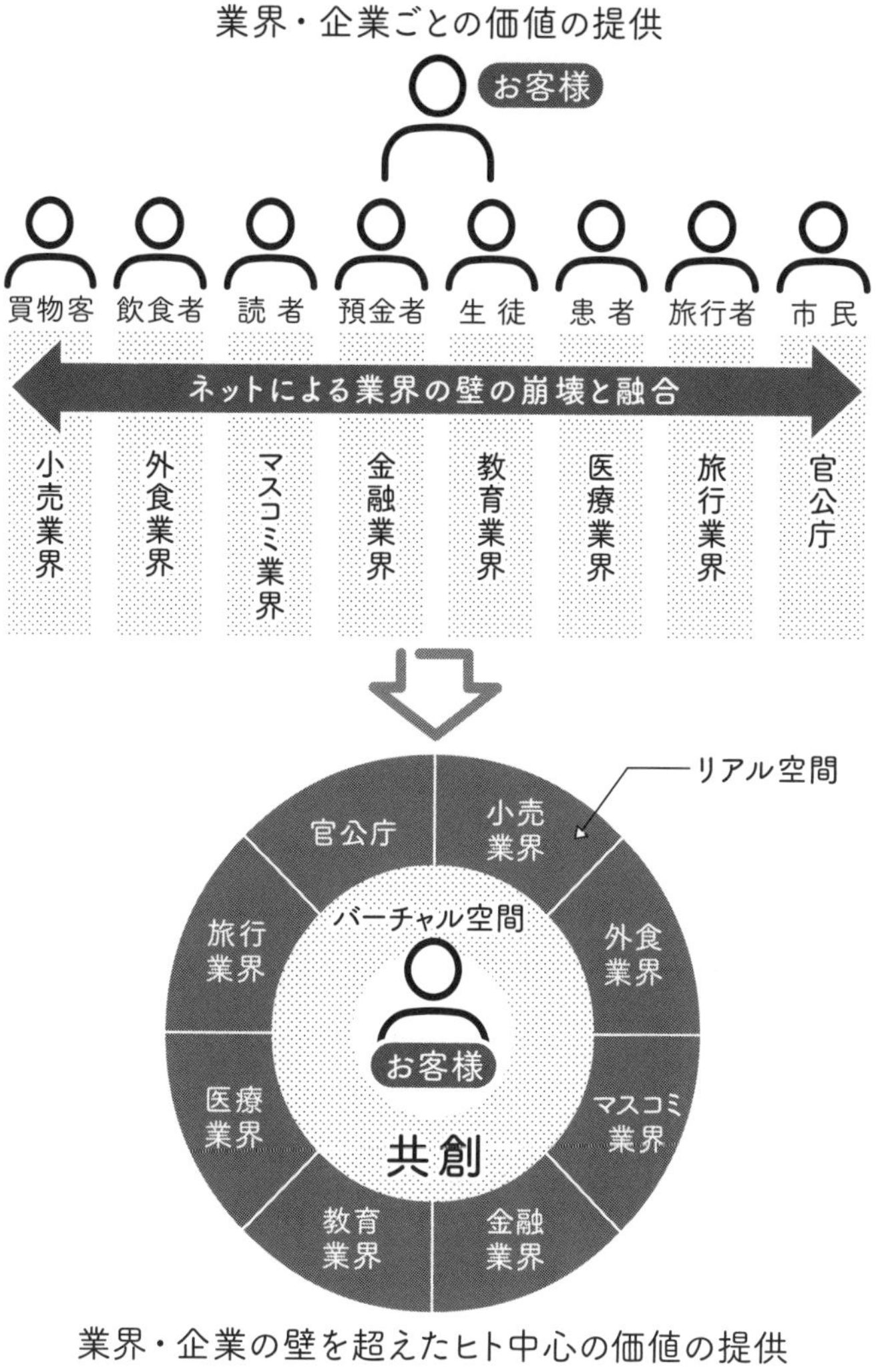
業界・企業ごとの価値の提供
お客様
買物客
飲食者
読 者
預金者
生 徒
患 者
旅行者
市 民
ネットによる業界の壁の崩壊と融合
小売業界
外食業界
マスコミ業界
金融業界
教育業界
医療業界
旅行業界
官公庁
リアル空間
官公庁
小売業界
旅行業界
バーチャル空間
外食業界
お客様
医療業界
マスコミ業界
共創
教育業界
金融業界
業界・企業の壁を超えたヒト中心の価値の提供

いチャンスに恵まれることでしょう。

ここまで、DXで始まる4つの変化について説明してきました。

改めてまとめると、まずネットとリアルが融合した「ハイブリッド・ワーキング」が始まります。次に、労働力の減少を解決すべく、デジタルを活用した生産性向上の取り組みが始まるでしょう。そして、それらを実現するために、今まで優秀と言われていた人材とは違う人材が求められるようになってきます。やがて、国家、地域、業界、企業、部門などのあらゆる壁を壊し、新しい価値を生み出していくことが予想されます。

これらの変化に共通するものは、いずれも「ヒト」です。**DXは、その変革を起こすのも人、その恩恵を受けるのも人、そして未来を創るのも人です。**

最後に、この章の冒頭で紹介したヘンリー・フォードの名言を再び皆さんに送りたいと思います。

「未来を考えない者に未来はない」

皆さん一人ひとりが未来を考え、ぜひこれからの未来を創り出してください。

おわりに

最後までお読みくださりありがとうございました。DXを成功させるには、「ヒト」を主役としたデジタル変革が必須であること、またその実践方法についてお伝えしました。

くり返しになりますが、**DXは「ヒト」の変革**です。「ヒト」とは、経営資源である人、スキル、ノウハウのことであり、ステークホルダーである顧客、企業、社員、社会に属する全ての人を指しています。これらの人々の意識から行動までを変革させていくことが、真のDXだと考えています。

長年デジタル変革に携わり、多くの企業の変革に携わってきた私の経験が、少しでも皆さんの参考になれば幸いです。

DXを目指す同志よ、集まれ!

これから私たちは様々なDXを経験していくでしょう。皆さんも既にDXを目指しているかもしれませんし、この本をきっかけに、DXを目指そうと思うかもしれません。

いずれにしても、現時点においてDXを実現できるデジタル変革者の数は、決して多くはなく、マイノリティな存在です。いつの時代も、変革者は孤独なものです。

私は、デジタル変革者は、互いに協力し合える関係になれば素晴らしいと思っています。互いに応援し、励まし合い、互いを高め合う同志でありたいと考えます。

本書では、できる限り時代に左右されない原理・原則的な内容を書きましたが、新しい成功・失敗事例、新しい考え方はどんどん生まれます。私たちは、常に変わりゆくデジタルトレンドに敏感になり、多くの実践者の取り組みをウォッチしていく必要があります。

そのようなDXを目指す人を応援するWebマガジン「DXマガジン」を2021年4月に創刊しました。常にDXに関するニュースや、DXを目指す実践者のインタビューを掲載し、DXを目指す方々の役に立つ情報提供をしていきたいと思っています。

また、「DX実践塾」オンラインサロンを同時に開講し、デジタル変革者を育てる場の提供を行います。常に学び、常に実践し、常に発信し、発信者が互いに刺激を受けていくことを目指します。塾生の皆さんとは、自らの実践体験を発信し、議論を交わし、一段上のDX変革者を目指してもらいたいと思います。

ご興味のある方は、ぜひ、左記URLにアクセスしてください。

■全てのDX実践者に贈るメディア　DXマガジン　https://dxmagazine.jp/

ＤＸ変革者の育成を目指す協会を設立

２０２０年４月には日本オムニチャネル協会を設立しました。

この協会は、日本のオムニチャネル（小売業のＤＸ）の進歩を目的として、デジタル変革者を育成するほか、小売業やシステム会社などの立場が違う会社が集まり、学び、議論する〝共創の場〟を目指しています。

コロナによる緊急事態宣言下で、ネットを駆使したスタートとなりました。多難な始まりとなりましたが、オンライン会議、ネット上での情報共有や議論を通じて、新しい協会運営のかたちをつくりあげてきたと自負しています。

協会は、３つの方向性で活動しています。

１つ目は、オムニチャネルの実現は小売業の全社改革と捉え、表面上の議論とならないようにしています。具体的には、商品・売場・販促・ＣＳ・物流・管理と業務別の分科会で活動することにより、業務ごとの課題を踏まえた議論をしています。

２つ目は、協会は単なる情報交換の場ではなく、アウトプットをし続けていくことを念頭に、定期的にオープンセミナーを開催し、刊行物の発行を目指しています。

そして、３つ目は、業界・企業の壁を超えて様々な方々に会員としてご参加いただき、各々の知見を出し合い、革新を生む「共創の場」になることを目指しています。

この3つに共通していることは、背景や立場の違う人々が集まって議論することであり、本当に刺激になることを実感しています。

設立から1年経った現在では、100社を超える企業が参加し、日々熱い議論を進めています。

まだまだ改善の余地は多くありますが、デジタルをフル活用した協会運営、共創の場としての様々な立場の人々が議論し、刺激を受け合う場の提供ができたと思っています。

今後はさらに、より実践的なDXを学ぶ場、DXを目指す人々が集まる場として、多くのデジタル変革者を育成していきたいと思っています。

■一般社団法人　日本オムニチャネル協会　https://www.omniassociation.com/

空はどこまでいっても一つである

私の好きな言葉に、宮本武蔵の「万里一空《ばんりいっくう》」という言葉があります。「空は一つしかないのであるから、何をしてもどこまで行っても同じ世界がある」という精神的境地を示している言葉です。どこまでも同じ一つの目標を見据え、たゆまず努力を続けるという心構えを表す語として使わることが多い言葉でもあります。

ＤＸを目指す私たちもまた、「万里一空」の境地で、将来の目標を見据えて、たゆまず努力を続けていきたいと思います。そして、いつの日か、同じ空の下、ＤＸを目指す同志として、皆さんともお会いできることを楽しみにしております。

最後になりますが、本書をまとめるにあたり大変なご尽力をいただいたプレジデント社の皆さん、仕事で出会い、ご指導くださった諸先輩の方々、いつも協力をしてくれている仲間たち、そして、日々一緒に変革に取り組んでくれている社員の皆に感謝を伝えたいと思います。本当にありがとうございます。

２０２１年６月

鈴木　康弘

鈴木康弘（すずき・やすひろ）

株式会社デジタルシフトウェーブ代表取締役社長

1987年富士通に入社。SEとしてシステム開発・顧客サポートに従事。96年ソフトバンクに移り、営業、新規事業企画に携わる。99年ネット書籍販売会社、イー・ショッピング・ブックス（現セブンネットショッピング）を設立し、代表取締役社長就任。2006年セブン＆アイ・ホールディングスグループ傘下に入る。14年セブン＆アイ・ホールディングス執行役員CIO就任。グループオムニチャネル戦略のリーダーを務める。15年同社取締役執行役員CIO就任。16年同社を退社し、17年デジタルシフトウェーブを設立。同社代表取締役社長に就任。デジタルシフトを目指す企業の支援を実施している。SBIホールディングス社外取締役、日本オムニチャネル協会会長、学校法人電子学園情報経営イノベーション専門職大学超客員教授を兼任。

著書に、『アマゾンエフェクト！―「究極の顧客戦略」に日本企業はどう立ち向かうか』（プレジデント社）がある。

成功＝ヒト×DX
デジタル初心者のためのDX企業変革の教科書

2021年6月16日 第1刷発行

著　者　鈴木康弘
発行者　長坂嘉昭
発行所　株式会社プレジデント社
〒102-8641
東京都千代田区平河町2-16-1 平河町森タワー13F
https://www.president.co.jp/
https://presidentstore.jp/
電話　編集 (03)3237-3732　販売 (03)3237-3731

装　丁　竹内雄二
本文デザイン　mika
編　集　桂木栄一　大島永理乃
DTP　キャップス
販　売　桂木栄一　高橋徹　川井田美景　森田巌　末吉秀樹
制　作　関結香
印刷・製本　中央精版印刷株式会社

　ISBN978-4-8334-2413-4
Printed in Japan